JN102323

Enhance Business Immunity

劇変の時代を生き抜く

ビジネス免疫力

キャリアアップ実現のための思考法

未来エンビジョナー／経営コンサルタント **川瀬智士**

中央経済社

はじめに

　本書は，キャリアアップ（処遇のアップ，起業や独立）を目指しビジネスの最前線で働いている男女の皆さんに向けて，物の見方と考え方をお伝えする書籍です。

- ・現場の忙しさに埋没してしまいそう
- ・今やっている仕事の意義を見いだせない
- ・社会や仕事の激しい環境変化のせいで自分を見失いそう

　そんな人たちに，一歩だけ今の自分から距離を置き，そして少しだけ高い目線に立って考えてみることを勧めています。

　ビジネス免疫力とは，しなやかさと強靱さを兼ね備えた思考様式です。
　変化の激しい不確実な時代は今後も続くでしょう。

- ・想定外のことがあっても動じない自分がある
- ・異論を押し付けられてもブレない自分がある
- ・不本意のことがあっても冷静に受け止められる自分がある

　ビジネス免疫力によって，読者の皆さんがビジネスの現場で柔軟にそして力強く対処できること，その結果キャリアアップを重ね，世界で活躍されていくことを願っています。

　本書の構成は思考の対象によって章が分かれています。

　順に「自己」「組織」「市場」「会社」「社会」の5章構成です。各章では，6〜10個のテーマ（主題）を置き，それぞれのテーマごとに具体的なビジネスシーンを織り交ぜていきながら，物の見方と考え方を展開しています。各テーマは，完結型となっていますので，どこから読んでも構いません。

　　・いつも仕事で使っている脳とは違う刺激が欲しいとき，
　　・何かしら考え方のヒントが欲しいとき，
　　・年度の始まりでやる気になっているとき，
　　・アイデアが出ず煮詰まったとき。

　そんなときに，この本を手に取り，興味が沸いたテーマに目を通していただけると幸いです。

　2023年12月

筆　者

目　　次

第 **2** 章　【組織免疫力編】
チームの一員として 働くことの意義を見いだそう

第 **3** 章 【市場免疫力編】
市場を創ること，売上を伸ばすことの醍醐味を
体感しよう

第 **4** 章 【会社免疫力編】
企業経営の本質を理解しよう

第 **5** 章 【社会免疫力編】
目線を高く，社会環境と経済情勢に向き合ってみよう

第1章
自己免疫力 編

自らのバイタリティを高めよう

明日のために自身を見つめてみよう。
自分との付き合い方を知ることが
ビジネス免疫力の獲得につながる。

自らの
バイタリティを
高めよう

人それぞれに好調と不調の波があるものだ。

生命力にあふれスタミナがあるときは，思考力も高まる。
逆に，疲れが溜まり，抵抗力が落ちたときには，
考える気力さえもなくなってしまう。

外部環境も大きく影響するだろう。
対人関係，職場環境や家庭環境，それから天気や気圧の変化など。
日々のちょっとしたことで，人はやる気になったり，
気分が落ち込んだりする。

第1章では，気持ちが高揚し始めたとき，
何かしらやる気になったとき，
そんなときに少しだけ心がけてみたいことを挙げてみた。

明日のために自身を見つめてみよう。
自分との付き合い方を知ることが
ビジネス免疫力の獲得につながるのだから。

1-1 成長こそが免疫力を高める

　成長は活力の源泉だ。そして明るい未来への展望をもたらす。このことは個々人においても，そして企業や国家でも言えることだ。

　個人の成長とは，つまり新たな能力を取得すること。新しい能力を得ることで活躍の場がもたらされる。

　企業の成長とは，事業の創造と拡大だ。それは従業員の雇用と所得向上の機会につながっていく。

　国家の成長は，社会基盤の充実と安定であり，それは国民生活レベルの向上につながる。

　私たちが「成長」という言葉を使う際は，単に物理的に大きくなることや拡大すること（Growth）だけを意味しているわけではない。能力が向上すること（Progress）や技能が上達すること・向上すること（Improvement）などの意味合いがある。子供が大人になることは，もちろん成長であるが，大人になってからも成長が可能だ。学ぶことや新しい経験を積み重ねることによって。

　人類の営みの歴史は，成長のための活動そのものとも言えるだろう。そしてこれからの未来においても同様に，成長のための活動を継続していく。

　なぜ私たちは，そして企業や国家も，成長を目指そうとするのだろうか。その理由について考えてみたい。

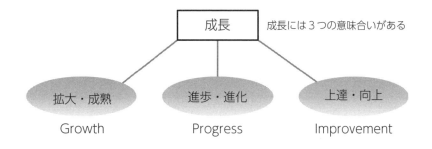

成長を目指す第一の理由：循環が良くなるから

人も企業も国家も成長する過程においては，循環がとても良くなる。

人の成長過程では，骨格と筋肉のバランスが整い循環器系の機能が向上する。そして脳が活性化されていくことで，心身の健康につながる循環が構成される。

企業の成長過程では，サプライチェーンの根幹となる生産量が増える。それにともない資金の循環が良くなる。そして設備投資や人員増につながっていく。

国家の成長過程では，物量・情報量・資金量が増えていき，大きな流れと循環が構成される。滞っていた地域や共同体が減り，社会全体の循環が良くなる。

人も企業も国家も，成長過程では大きなエネルギーを消費する。そのため，過去に必要だった量以上のインプットが必要だ。人で言えば，生命維持に必要な食料だけではなく，情報・知識・経験といったインプットが必要となる。

インプットが多くなるにつれ，そのインプットの消化方法や生産過程が多岐にわたっていく。つまり多様性や柔軟性が増してくるということだ。多様性と柔軟性が増すと，インプットに多少不具合があったとしても大きな問題にならなくなる。循環を構成する道筋が複数あるから，枝葉の不具合は少しずつ改善されていくからだ。大きな成長の流れの中では，循環は好転し続ける。

成長を目指す第二の理由：抗体ができるから

成長しようとする意志は，未知へのチャレンジだ。昨日までやっていなかったこと，できなかったことを，今日から着手しようと決意する。それによって，初めて成長の第一歩を踏み出せる。その第一歩は，必ずしも成長に

100％つながるとは保証されていないけれど，まずは踏み出さないことには始まらない。

　むろん，やみくもに着手するわけではなく，他国や他企業の事例を調べたり，専門家の意見を聞いたり，ネットから情報を検索したうえで，判断するはずだ。

　先人がチャレンジに成功したからといって，自らが成功するとは限らない。理論上は上手くいくと確信していたことが，いざ実行してみると思いどおりに進まないということはたくさんある。3つのチャレンジをしたら，1つは成功するかもしれないが，2つは失敗するかもしれない。成長の過程は，不確実な将来の結果に対して，成功も失敗も含めて経験を積み重ねていくことである。

　その成長の過程を経ることにより，不確実性に対する抗体ができていく。抗体の有無，そして抗体自体の強さこそが，将来に向けての成長の源泉となる。そして，さらなる成長を遂げようとする強い意志につながっていく。

　想定外の事態が起きた際には，この抗体が有効に機能することになる。不確実性に対応できるだけの，変化対応力を持った抗体が大いに機能を発揮する。

成長を目指す第三の理由：負を相殺してくれるから

　成長には，プラスの数値で表現されるという特性がある。プラスの数値は，マイナスの数値と相殺し合うことができる。負の要素を打ち消せるのだ。

　アスリートの例で言うと，加齢による身体能力の低下を，経験に基づく判断能力や制御能力の向上が上回ることができれば，活躍を続けることができる。

　企業で言えば，1つの事業が赤字に落ち込んでも，他の事業がそれを打ち消すだけの黒字を出せば，大きな問題ではなくなる。

　国家においても，円高で輸出が落ち込み貿易収支が赤字になっても，海外投資から得る配当や利子の収支が上回れば，全体として国際収支はプラスに

6

なる。

　成長の対象物を要素分解していくと，プラスになるもの，変化のないもの，マイナスになるものの3つに分かれる。それぞれの要素は時間の経過とともに変化するわけだが，差し引きして全体がプラスであれば，その対象は成長していると見なすことができる。

　日本経済は過去30年間にわたり成長していないと言われ，問題視されている。数値で見ればそのとおりだ。しかし個々に見ていくと，そうではないはずだ。

　個々の企業，それぞれの組織，そして私たち一人ひとり。成長できるかどうか，そして成長を続けられるかどうかは，私たちの意思次第だと思う。

　・人は，身丈が大きくなるだけが成長ではない

　・企業は，売上が伸びるだけが成長ではない

　・国家は，GNPが拡大することだけが成長ではない

捉え方1つで，成長の定義は変わる。

　何をもって成長と見なし，その目標にチャレンジできるか，その心持ち次第で未来は変わってくると，私は考えている。

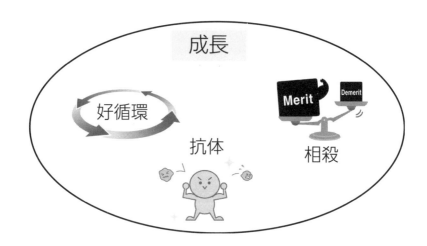

1-2　未知へのチャレンジにリスクはつきもの

昨今，リスクという言葉がよく聞かれるようになった。

ビジネスの世界でも，政治の世界でも，医療の現場でも，そして日常の会話においてさえも。このリスクという言葉は，総じて人を不安にさせてしまう。中には，人々の恐怖心を煽るためだけに使っているケースも見かける。

ビジネスの場面でよくあるのは，何か新しいことを提案すると，「リスク」「リスク」の大合唱が始まる光景だ。その声は，現状を変えたくない既得権益を持つ人たちや保守的な考えの人たちから発せられる。リスクがあると言えば，反対意見が通りやすいという慣習があるかのごとく。

リスクという言葉はネガティブに聞こえがちだが，本来はポジティブなケースに使われる用語だ。もともと物事を前に進めるための有効な思考手段である。

リスクという言葉があまりにも残念な使われ方をされているので，この場でリスクの意味を正確に理解していこうと思う。そのうえで，ビジネスの世界でのリスクの考え方と捉え方について考察を重ねていくことにしたい。

何となく嫌な予感がしたときは，リスクの予兆

リスクとは，「将来起こる可能性のある不確実な事象であり，かつ当事者にとって好ましくない不都合な事象」と定義される。つまり，未来のある時点で何らかの不都合なことやダメージとなることが，もしかしたら起きるかもしれないし，起きないかもしれないという不確実性の高い事象のことを指す。

誰にでもある経験で，何となく嫌な予感がすることがあるだろう。それはリスクの予兆である。そしてある時間が経過したのち，予感どおり嫌なことが起これáばリスクが顕在化したことになる。何も起こらなければ思い過ごし

ということだ。予兆を感じた際に「このままだとやばい」と思うことがある。それは起きたときの影響を考えていることであり，リスクの評価という用語が当てはまる。

何もしないこともリスクマネジメントの1つである

リスクマネジメントという言葉がある。要は，将来の不確実な事象に対し，未然にどんなアクションをとるか決めることだ。

分かりやすい例として，毎年冬が近くなると対策が叫ばれるインフルエンザを考えてみよう。インフルエンザの流行をリスクと捉えると，国家と個々人はそれぞれ，毎年リスクマネジメントを行っていると見なせる。

国家は，流行リスクを最小限にするために，毎年ワクチン株の種類と生産量を決め流通させている。一方，国民一人ひとりにとっては，インフルエンザにかかるリスクの大きさは人によって違う。休めない重要な仕事に従事している人や持病を持っている人にはリスクが大きい。長年インフルエンザにかかったことのない人にはリスクが小さいだろう。そのリスクの大小が，ワクチン接種をするかどうかの判断基準になっているはずだ。また，ワクチン接種はリスクに対処するための一手段にすぎない。リスクを避ける手段は，他にも複数ある。

個々の置かれた状況を踏まえ，客観的なリスクの評価と適切な対応策を講じること，それがリスクマネジメントだ。対応策の1つとして，リスクが極めて小さい場合は，何もしないという選択肢もあることを知っておこう。

「リスクマネジメント」と「危機管理」は違う

リスクマネジメントは「危機管理」と訳されている文章を見かけるが，こ

れは間違いだ。危機管理は，英語にするとCrisis Managementだ。リスクマネジメント（Risk Management）との違いは英語にしたほうが分かりやすい。

「危機管理」の定義は，危機的な状況が発生した後，いかにコントロールするかということである。一方，リスクマネジメントはそうした危機的な状況を未然に防ぐことである。事後と事前，これが両者の違いになる。

リスクマネジメントと危機管理，どちらも概念的な用語であるが，時間軸の捉え方が違うから，使い方を間違えないようにしておきたい。

「将来を見て，今何をすべきか考える」のが，リスクマネジメントであり，「今を見て，これから何をすべきか考える」のが危機管理である。

リスクという概念が求められる時代へ

こうして説明していくと，リスクマネジメントなどといった小難しい用語を使わなくとも，誰もが意識せずに自然にやっていることではないか，という意見が出てくるはずだ。そのとおりだ。ただし，それは，経験則が活かせるケースに限られる。

難しいのは，経験則が活かせないケースに対してリスクマネジメントを行うことだ。経験がないことに対して，将来の状態を予測し，不都合になりそうなことを未然に排除する。それに向き合わなければならないケースが，近年ビジネスの世界で格段に増えてきた。

昭和の時代から平成の初期まで，ビジネスの世界では，リスクという言葉は（一部の金融機関を除き）ほとんど使われることはなかった。なぜなら，常に経験則を活かせたからだ。社会経済全体が拡大していたから，どの業界でも，横並びに同じことをやって競争していれば成長することができた。事例は常にどこかにあり，新しいことは欧米から学ぶことができた。将来起こるかどうかも分からない都合の悪いことを考える必要はなく，まず真似してやってみて，試行錯誤を重ねて成功を目指せばよかった。リスクという概念

は不要だった。

　それが大きく転換したのは，平成のバブル崩壊以降だ。世界のどの国も経験したことのない不況が日本を襲った。そしてその対応を迫られた。加えて，情報テクノロジーの台頭により加速度的にビジネス環境が変化していった。先例に学ぶといったのんびりとした姿勢では，ビジネスの敗者になってしまいかねない。日本の企業は，そうした危機感に，30年以上苛まれ続けている。

　欧米は失敗を恐れず新しいことにチャレンジすることが評価される文化だ。チャレンジには当然リスクがつきまとうから，欧米では，リスクという概念が古くから身に沁みついている。片や，日本国内でリスクという言葉が聞こえてくるようになったのは，この苦しい平成以降のことである。

チャレンジにリスクがともなうのは必然

　コンサルタントとして現場に立つと，「事例はないのか？」と問いかけるオールドスタイルのリーダーに出会うことがある。口ではチャレンジと言っていながら，一番手になって失敗することを恐れ，先行者に追随しようとする姿勢が見えると，非常に残念な気持ちになる。

　新しいことにチャレンジする際には，常にリスクをともなう。加えて，誰もがやったことのないことだからリスクを洗い出すのはとても困難だ。しかし，それに目を背けてはいけない。チームが集まり知を結集してリスクを洗い出すことだ。そして未然に防ぐ手立てを考えていく。リスクを洗い出すことを，実行の当事者だけに任せるのは危険だから気をつけよう。当事者はどうしても思いが強くなるから，客観的にリスク評価するには限界がある。

　「あのときにやっておけば良かった」と後悔した経験は誰もがあるだろう。チャレンジをしたときのリスク，チャレンジをしなかったときのリスク，その両方を天秤にかけてみることも判断の材料となる。変化の激しい現代において，「時すでに遅し」とならないように心がけよう。

　過度にリスクを恐れることなく，リスクを承知のうえで前進する姿勢，そ
れがこれからの時代に求められている。

1-3 手段を目的化する習性から脱皮する

　ビジネスでは，目的と手段を履き違えることがよくある。手段であるにもかかわらず，それを目的化してしまっているケースもあれば，目的がなく手段だけが提示されているケースも散見される。

　なぜそうなってしまうのか。どんなときに起きてしまうのか。

　誰もが陥りがちな思考の罠について考察していこう。

売り手と買い手では，目線が違う

　世の中にある多くの企業は，手段を提供することを生業としている。

　自動車メーカーは移動手段を提供している。食品メーカーの商品は，生きるための栄養補給手段だ。医療行為は，病気を治すための手段である。ITを活用したソフトウェアやサービスは，コミュニケーションの手段，もしくは効率化や自動化のための手段だ。企業は基本的に顧客へ手段を提供し対価を得ている。

　では，買う側である顧客の立場はどうか。顧客が何かしらの商品やサービスを購入する場合には，必ず目的がある。

　医療を例にすると，患者は何かしらの痛みや身体の支障があって，それを解決したいというのが目的だ。その目的のうえで，顧客は治療という手段を購入している。企業からコンサルタントへ依頼がある場合も同様で，会社の問題解決という目的があり，コンサルティングという手段を購入している。自動車や食品のような物品では，欲しいという顧客のニーズがあり，それを満たす目的のために顧客は物品を購入する。

　顧客には購入行為の前に，強い目的意識が常にある。その当たり前のことを，売り手側はついつい忘れてしまうのだ。

手段が目的化されてしまう罠

　顧客は常に購買という目的から入ってくるのに対し，売る側は売り物という手段がベースにある。売り手にとっては，商品もしくはサービスという自社の手段が売れないと存続できない。だから，どうしても手段先行の思考回路に陥ってしまう。

　自社商品の売上をもっと上げるためにどうすべきか………，これを考えるのは主として営業やマーケティングの仕事だ。そして，営業部門とマーケティング部門はさまざまな施策を打ち出し実行していくわけだが，それらの施策は手段そのものだ。つまり，手段である商品・サービスに対して，さらに売り方という手段を重ね合わせてしまう。

　営業・マーケティングの現場では，施策を実行に移すために手段が次々と細分化されていく。結果として，顧客が最も大事にしている目的から，どんどん遠くなってしまう。手段が目的化されてしまうゆえんはここにある。

　もちろん，経営者たちもその罠に気づいている。だからこそ，お客様のニーズとか課題解決といった用語を頻繁に使い，社員に目的を意識させようとする。事業の名称や組織の名称に「ソリューション」とか「顧客サービス」といった言葉が使われるのは，罠に嵌まらないように意識させることにある。

　ただ残念なことに，現場の社員たちは目先の数字目標に追われるがゆえ，顧客の目的など考える暇がなくなってしまうことが多い。期末が近づき，予算達成の見込みが厳しくなると，経営陣でさえ手段先行で部下に指示を出してしまう。

世の中には手段があふれている

　書店のビジネス書のエリアには，平積みされたハウツー本があふれている。「〜の方法」「のコツ」「〜のしかた」といったタイトルの本には，手っ取り早く理解を深められそうな魔法がかかっている。

　ビジネス書は概して読みやすく，あっという間に完読できるが，内容がほとんど頭に残らなかった，といった経験は誰もがあるだろう。何となく為（ため）になりそうとか，何となく面白そうとかいった気持ちで購入すると，大概失敗する。目的なき手段の典型的な例だ。

　世に星の数ほどある資格や認定制度もそう。何のためにその資格を取るのか，その目的があいまいだと，せっかく努力をして資格を取得しても活かせる場がないまま終わってしまう。資格取得の勉強はそれなりに時間を要する。だから勉強の過程で，資格の取得自体が目的化されがちだ。資格取得までのプロセスはインプットだけだ。その後の資格を発揮するアウトプットのプロセスがあって，初めて活きてくることを認識しておきたい。

　上司から「こんな資料を作ってくれ」や「これをやっておいて」という指示を受けた人も多いだろう。これも，目的なき手段の悪例である。何のためにこの資料が必要なのか，なぜ私が作業しなければならないのか，なぜ似たような資料をいくつも作る必要があるのか，といった疑問に対する説明が全くなされず，ただ作業指示が出される。質問をしない部下にも問題はあるのだが，目的を提示しない上司はもっと質（たち）が悪い。考えることをしない，言われたことだけをやる社員を増産してしまうからだ。

　毎月・毎期ごとに繰り返される定例の報告書。ただ単に，同じ作業を繰り返しているだけに過ぎない。その過程では，本当に重要な思考は存在しない。

　無駄な資料，無駄な作業，似て非なる複数の資料，考えることをしない社

員，それらはすべて同じ原因に帰結する。目的が明確に定められていないからだ。

正しく目的と手段を使い分ける意識を持とう

　目的と手段，正しく使うための秘訣は簡単だ。「その目的は何ですか？」と問いかける癖をつけることだ。上司から指示を受けたとき，検討すべき課題を提示されたとき，顧客向けの提案書を書くとき，いずれのときにも「何のためにこれをやるのか」ということに言及することで見えてくる。

　提案書のように文書で記述する際には，"Why"，"What"，"How"に分けて整理すると明確になる。どんな背景や経緯があるのか，なぜやらなければならないのか，今の課題は何か，といった内容（Why）を簡潔に記述し，そのうえで何をやる（What）ということを明言する。WhyとWhatを組み合わせて言語化することがビジネスの基本だ。

　Howは手段そのものである。通常，目的を実現するための手段は複数ある。複数の選択肢を提示し，効果と難易度で優先順位をつけるのがよくやる手だ。

　私はコンサルティングで多くのプロジェクトを経験してきたが，目的がきちんと言語化されて，メンバーの共通認識ができているプロジェクトは強靭だ。プロジェクトにトラブルはつきものだが，強靭なプロジェクトは困難に立ち向かえる。一時的に混乱を招くことはあっても，目的という原点に帰り冷静に考えることで立て直せるのだ。逆に目的がしっかりしていないプロジェクトでは，トラブル発生を機に大炎上してしまう。目的があいまいであるがゆえ，意思決定者や責任者の考えがブレてしまうからだ。

　「目的は何か？」という問いを常に自身に問いかける。経営者や上司にも問いかける。その習慣を持つことで，無駄な思考，無駄な行動は格段に減る。そして，そこから生まれた新たな時間を，充実したものに転換できていく。

1-4 アウトプット志向のすすめ

　年齢を重ねるごとに，アウトプットを作成する機会は減ってくる。世の中が見えてきて要領も分かってくるから，自らが手を動かさなくても事足りることが増えてくるのだ。

　企業の役職者になると，さらにそれが顕著になる。部下が資料を作ってくれるからだ。部下が作った資料に，ああだこうだと注文をつけ，自分が満足する形に仕上げさせることができる。社内の会議では，部下が作った資料をもっともらしく説明すれば事が済む。自ら手を動かすのは，メールを打つときくらいになってしまう。この状態に，危機感を持つ人はどれくらいいるだろうか？

アウトプットでは，トランザクションが要となる

　料理を例にして，アウトプットが出来上がるまでの工程を考えてみよう。

　まず，料理には食材が必要だ。これはインプットと位置づけられる。次に食材を下ごしらえして調理をする工程がある。これはトランザクション。そして最後にアウトプットとしての盛り付けで完成となる。「インプット」「トランザクション」「アウトプット」という3つの工程を経る。

　ビジネスでの工程も，料理と同じだ。工場の製造現場では，インプットは部材であり，加工と組み立てはトランザクション，そしてアウトプットとして製品が出来上がる。提案書を作る過程では，インプットは情報だ。多くの情報をもとに，思考を重ねるのがトランザクション。そしてアウトプットとして提案書が完成する。

　アウトプットを作成するうえで，重要な工程はトランザクションだ。そこで大きな価値を生み出す。料理でも，製造現場や提案書作りにおいても，トランザクション次第でアウトプットの価値が変わってくる。トランザクショ

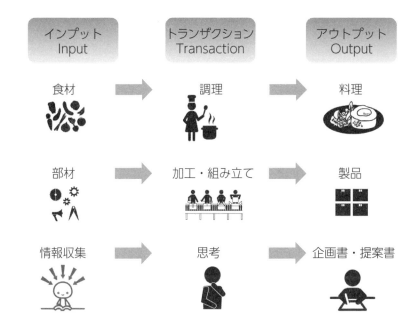

ンで，手を抜けば質の悪いものができる。トランザクションの過程で，斬新なアイデアや知恵が入ってくれば，がぜんアウトプットの価値が高まる。

　トランザクションの過程は人間の思考そのものだ。主体的にアウトプット作成に関わることによって，人の脳は刺激を受けて活性化される。逆に，受動的に人が作った資料を見てあれこれと指摘するのは，ただ条件反射しているだけで脳は活性化していない。

　これは持論だが，男性が加齢とともに衰えていく傾向にあるのに対して，女性は元気で居続けることが多い。その要因の1つとして，世の多くの男性が「料理」という脳を使うアウトプット行為に手を出さないことにあるのではないだろうか。

30代を越えてからこそ，アウトプットの価値が高まっていく

　10代・20代は，脳の吸収力と柔軟性があるので，あふれるほどのインプットに対応できる。スマートフォンの活用を見ているとそれが顕著に分かる。ところがこの年代では，インプットの加工や組み立てには対応できても，新たな価値を生むことは，なかなか難しい。知識と経験値がまだ少ないからだ。

　一方，30代・40代・50代と年齢を重ねていくと，知識と経験値の引き出しが徐々に増えてくる。インプットが少量であったとしても，知識と経験値を組み合わせることによって，アウトプットの質を高めることが可能になる。

　私が，アウトプットを作るという行為を積極的に勧めている理由はここにある。インプットに経験値と知識が重なり，そして融合していく。より深みのある，胸を打つようなアウトプットが出来上がってくるのだ。

　アウトプットは，会社の企画書や提案書作りに限る必要はない。料理・DIY・工芸・文筆・作曲等々，アウトプットできる行為はたくさんある。さらに現代は，SNSやブログを通じ，そのアウトプットを「作品」として個々人が発信できる。

　気持ちの入ったアウトプットは人を感動させる。どんなに忙しくても，面倒くさがらず，臆せず，アウトプットを作成し続けていくことを強く勧めたい。

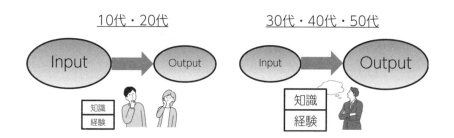

1-5 ジョブホッパーでは，スキルは上がらない

　ジョブホッパーとは，短期間に転職を繰り返す人たちのことだ。雇用流動性の高い外資系企業やベンチャー系企業では，よく見かける人材である。

　ジョブホッパーに共通している能力，それは，みんなそれなりにコミュニケーション力があって，みんなそれなりに有能ということだ。

　転職を繰り返すことはキャリア形成の1つである。しかし，ジョブホッパーの人たちは，ジョブホッパーになりたくて転職を繰り返しているわけではない。結果としてジョブホッパーになっているという背景がある。

ジョブホッパーは華麗なる転職族

　採用活動に関わっていると，人材紹介会社からいくつものレジュメ（職務経歴書）が届く。それらに目を通すと，ジョブホッパーかどうかは直ぐに判別できる。ジョブホッパーと見て取れる人たちのレジュメは，とてもキラキラしているからだ。

　彼ら彼女らは，転職し慣れている。だからレジュメを書くのがとても上手い。自身が経験してきたことを簡潔に分かりやすく書ける。採用するこちら側も「よし面接してみよう」と思い，会ってみる。すると会話がよく弾む。彼ら彼女らは，いろいろな会社や業界を見てきているから，話題に事欠かないのだ。

　おおかたの人たちは，仕事の要領がよく器用，そしてコミュニケーション力がある。だから，さまざまな仕事をこなせる。即戦力が欲しい中途採用の担当者にとって，とても魅力ある人材に映る。

格上の会社への転職なら3年の覚悟

どんなに優秀な人でも，新しい環境に慣れ，自身の能力をふんだんに発揮できるようになるには一定の時間がかかる。ましてや，キャリアアップのために格上の会社に転職しようとするなら，なおさらのことだ。一例を挙げると，メジャーリーグに挑戦したイチローと大谷選手。超一流の彼らでさえ，米国で賞賛されるほどの活躍をするようになったのは移籍4年目からだ。

私が過去に所属したコンサルティングファームでは，実力がともなわない人たちは，大体3年以内で去っていった。また，戦略系で有名なコンサルティングファームでは，3年以内に昇格しないと退職勧告されるという厳しい掟もある。

石の上に3年とはよく言ったもので，高度なスキルであればあるほど，体得するには時間がかかる。新しい環境に慣れ，新しい組織やチームに慣れ，新しいスキルを獲得し，そしてそのスキルを発揮していくことを目的にするならば，最低3年は地に足をつけて頑張ってみる覚悟が必要になるだろう。

ジョブホッパーはスキルを使い回している

上記の考え方を踏まえると，3年も経たないうちに職を変えてしまうようでは，スキルの向上は見込めない。ジョブホッパーは，転職によってスキルアップしているのではなく，所有するスキルを使い回しているということになる。

彼ら彼女らのスキルが，求められる業務や職務にマッチすると非常に上手くいく。プロジェクト型の仕事や，職務限定の仕事を任せるにはもってこいだ。一方，持っているスキルを超えるような高いレベルやチャレンジを求めると，途端に動きが悪くなる傾向がある。最後までやり遂げるとか，長期の

目標達成に向けてとかいった取り組みも苦手だ。

　転職が多くなると経験の数は必然的に増す。ジョブホッパーたちは，所有するスキルに加え，経験の数で勝負していると言えるだろう。

キャリアビジョンがあれば３年以上働ける

　昨今，大手企業はジョブ型雇用に移行してきている。日本の雇用慣行である終身雇用や年功序列は，今後なし崩し的に消滅していくだろう。それにともない，人材の流動化は徐々に拡大していくはずだ。転職市場は活性化し，一定のスキルを持つ人たちにとっては，転職先をいくらでも選べる時代になる。つまり，自らの市場価値を高めることのできる機会がこれから格段に増えることになる。

　自分は将来どうなりたいのか。そのためにどんなスキルや経験が必要なのか。自身のキャリアに対するビジョンを持てば，転職先を選ぶ基準になるはずだ。それは仕事をするうえでの目的意識にもつながる。しっかりとしたキャリアビジョンを持つことによって，会社組織によくある理不尽なことや不合理なことにも，一定のがまんができるようになるだろう。

　ジョブホッパーとして転職を繰り返すことも働き方の１つである。しかし，人生の多くの時間を費やす働く時間を，スキルアップに活かさない手はない。スキルアップのために，じっくりと腰を落ち着けて働いてみよう。そのためにも自身のキャリアビジョンを持つことをお勧めしたい。

1-6 質問力を鍛える

　セミナーや講演の終了時に「質問はありますか？」という問いかけに対し，誰も手を挙げず，沈黙のときが数秒続くという光景。日本では普通にあることだ。しかし，海外の人からすると，大変理解しがたいと口を揃える。

　質問に対する姿勢は，日本人と外国人の文化の違いによるものだと結論づける専門家もいる。果たして，それで済ませてよいのだろうか？

なぜ，日本人は質問を苦手とするのか？

　複数の人が集まる場で，質問がなかなか出てこないのは，ビジネスの会議の場でも同様だ。会議の出席者が多くなればなるほど，その傾向が強くなる。

　しびれを切らした会議の進行役が，目の合った人を指名する。すると，やっと口を開く。だが，大概そのようなときに出てくるのは，質問ではなく自分の意見や感想にすぎないことが多い。

　ここであることに気づくのではないだろうか。私たち日本人は，会議の場で質問することに慣れていないということに………。

　私たちの義務教育の場では，授業中に質問できる機会は滅多になかった。

　小学校から大学に至るまで，可能な限り多くの知識を一方通行で教えられることで，学校の授業は成り立っていた。その中で一部の要領のいい生徒だけが，授業のあとに先生を捕まえて，質問をしていたくらいだ。

　ビジネスの場で例外的に，たくさんの質問が投げかけられる会議がある。それは経営会議や営業会議といった定例の会議だ。これらの会議では，社長や部門の責任者たちが部下に対して，質問を浴びせ続ける。業績数字の状況や，商談の進捗に関する質問だ。しかし，それらの質問はいつも代わり映えしない内容だ。どちらかというと，プレッシャーをかけるために質問しているように映る。

　質問を発するには，一定の思考が必要とされる。質問する経験を積み重ねていくと，通常，質問する力は上がっていく。だが，日本で暮らしている限り，学生の間も，そして社会人になってからも，あえて質問するようなことをせずとも困ることは滅多にない。当然のことだが，質問する機会が少なければ，質問する力はまずついてこない。

　加えて，質問する力がつかないと，回答する力もついてこない。記者会見で答弁する経営者や政治家を見ていれば，容易に想像がつくことだろう。

　私たち日本人が質問を苦手とする理由，それは質問することを訓練する機会が圧倒的に少ないからである。

質問することが大切な理由

　質問するということは「私はそのことを知りません。教えてください。」と，相手に伝えていることになる。相手が回答をもっていれば，即座にその返答があるはずだ。つまり，質問は，新しいことや未知のことを理解するための最も手っ取り早い手段だ。一人で調べたり考えたりする労力や時間に比べると，質問することで一気に解決できる。

　知りたい・理解したいという欲求が旺盛な人ほど，質問を多く発する。質問は知的好奇心の表れだ。知的好奇心が高くなればなるほど，質問が自然と出てくるようになる。これが質問するということが大切な理由の1つである。

　さらに，もう1つ大切な理由がある。質問の際には，相手のことを考える。相手の立場やバックグラウンド，質問が適しているかどうか，失礼な物言いがないかどうか，等々。質問は，相手のことを思いやることにつながっている。

　要は「未知のことを知る，未知の人とつながる」ための有効な手段こそが，質問であると考えてよいだろう。

　質問力をつけるためにはどうしたらいいのだろうか。「いい質問ですね」と言われるようになるにはどんな訓練が必要なのだろうか。考察してみよう。

質問力レベルⅠ：正しく理解するために質問する

　まずは，相手が話すことを，可能な限り理解しようとする姿勢が大切だ。相手から降り注がれてくる言葉の洪水に全神経を集中し，理解を試みてみよう。そうすると，必ず理解のあいまいな箇所が出てくる。

　"私の理解は合っているのだろうか"

　"分かった気になっているだけではないか"

　そう感じる箇所を抜き出して，質問の形式にすればよい。

　質問する際には，正直に伝えることだ。

　「ここの意味が理解できなかったので，もう一度教えてください」

　「私はこう解釈したのですが，合っていますか？」

　これらの質問は，決して相手に対し失礼なわけではない。逆に，相手のほうに「私の説明が分かりにくかったのかもしれない」という気づきを与えるきっかけにつながる。

質問力レベルⅡ：理解を深めるために質問する

　限られた時間の中で話をする相手は，すべてのことを説明できているわけではない。当然いくつかの大事なことから抽出したうえで，こちら側に伝えてくれている。

　レベルⅡは，より深く理解するための質問だ。これは論理的な思考を通じて質問が繰り出される。論理思考には型がいくつかある。紹介していこう。

　事象に対して背景を聞く

　「その事件の背景には，どんなことがあったのですか？」

問題に対して原因を聞く

「そのトラブルの本当の原因は何なのでしょうか？」

手段に対して目的を聞く

「その施策は，何のためにやるのでしょうか？」

現在のことに対して過去を聞く

「今，上手くいっているとのことですが，過去はどうだったでしょうか？」

意見・意思に対して理由を聞く

「貴方がそれをやりたい理由は何ですか？」

　これらの問いかけは，往々にして，鋭い質問として相手の心に突き刺さる。問いかけ自体が，事の本質に近づいているからだ。

　本質を突いた質問がなされると，相手の反応は大きく２つに分かれてくる。相手方が回答できるだけの十分な情報を持っているときは，喜んで教えてくれるはずだ。自身の話に興味を持ってくれていることを実感できるからである。一方，相手方の返答が，しどろもどろの場合や答えになっていない場合がある。その際は，いったん引くことをお勧めする。突っ込んで質問していくと，相手を傷つけてしまうおそれがあるからだ。少し時間をおいて，のちに相手から答えが返ってくることを期待しよう。

質問力レベルⅢ：理解を広げるために質問する

　話題をきっかけに，さらにその話題を広げていくための質問がレベルⅢだ。これは，少しだけ目線を高くし，視野を広げることによって質問が出てくる。その目線の置き方は２種類ある。

　１．立場を変えてみる

　通常，話す内容は，ある１つの立場に則って展開される。その立場を理解

したうえで，反対側の立場に立ったときにどう考えられるのか，それを質問として表現するやり方だ。

提供者側と受け手側
「その商品を，消費者の皆さんはどう評価しているのでしょうか？」

賛成と反対
「その計画には反対する方もいたと思うのですが，いかがでしたか？」

日本の視点と海外の視点
「私たち日本人が気づいていない，海外の人にとっての価値は何でしょうか？」

男性目線と女性目線
「部長のおっしゃる人事の方針に，女性社員の意見は反映されていますか？」

2．切り口を変えてみる
　1つの話題に対して，切り口を変えることで話の広がりが出てくる。事柄や物に対する見方を変えて質問するやり方だ。

デザイン・機能・性能
「機能と性能は理解できました。デザインはどんな工夫をされましたか？」

組織・ルール・人
「新しいルールを全組織に適用して，社員の皆さんの反応はどうでしたか？」

ハード・ソフト・サービス
「アプリの動作環境と運用サービスの体制はどうなっていますか？」

計画・実行・検証
「計画と実行まではしっかりできていますね。結果の検証はいかがですか？」

　レベルⅢの質問は，かなり難易度が高いが，ぜひチャレンジすることをお勧めしたい。質問することによって，相手方にも思考を促し，そして気づきを与えることにつながる。難しい質問には，質問返しをすることも有効だ。
「なぜ，あなたはその質問をしたのでしょうか？」
「私が回答する前に，あなたはどう思っていますか？」

海外とのコミュニケーションに活きる質問力

　英語での質問の形式は，５Ｗ１Ｈ（When, Where, Who, What, Why, How）だ。私たちが日常使っている日本語でも，当然のことながら質問は５Ｗ１Ｈで表現することができる。しかし，日本語ではその使い方に濃淡がある。よく使う疑問符と使い慣れていない疑問符がある。
　使い慣れていない疑問符の１つはWhoだ。日本語では，主語を省略することがとても多い。主語は誰なのか，言わずと分かるときは省略する。
　もう１つの使い慣れない疑問符はWhyだ。理由を聞くことは，理解を深めるために大切な行為なのだが，「察する」「空気を読む」といった暗黙の了解の雰囲気が，質問の機会を阻んでしまう。

　質問力は意識して訓練していけば，誰もがそのスキルを高めることが可能だ。質問力が上がってくると，質問の引き出しが増えてくる。その引き出し

を，多く持てば持つほど，会話は広がり，そして深まっていくはずだ。

　旅の恥はかき捨てというが，臆せず，相手に敬意を払いながら，質問していこう。そうすることで必ず力はついてくる。コミュニケーション，対話こそが，人間関係を円滑にする最高の手段なのだから。

　注記：本節で言及している質問は，家族や友人同士で無意識になされている会話での質問は対象としていない。ミーティング・ディスカッション・講演・セミナー・授業など公式の場でなされる質問を対象としている。

1-7 AIに対する向き合い方・付き合い方

　AIの進化が凄まじいことを見せつけられた。2022年11月に公開された
ChatGPTだ。公開後わずか2か月で，ChatGPTのアクティブユーザー数は
世界で1億人を超える規模になった[a]。Instagramが1億人ユーザーに達す
るのに2年半を要したことを踏まえれば，その反響の大きさが分かる。

ChatGPTはこれまでのAIのイメージを一変させた

　ChatGPTはチャットボット（人間とコンピュータとのやり取りを人間同
士の会話のように言語化する機能）のAI進化版だ。これまでのチャットボッ
トは，ブラウザ下部に表示される初心者向けの補足的なサービスにすぎな
かった。ITを使いこなしている人たちにとって，チャットボットは邪魔で，
うざったい産物にすぎなかったはずだ。ところが，そのイメージを一掃する
かのごとく，ChatGPTは劇的な進化を遂げた。
　どれだけの進化というと………プログラムのソースコードを生成してくれ
る，データの間違いをチェックしてくれる，議事録を作成してくれる，文章
の要約をしてくれる，出されたテーマに対しアイデアを出してくれる。この
ようなことを，私たち人間のリクエストに応じて，いとも簡単にやってしま
う。それも，上司と部下のような会話形式の自然体で。
　中身をよく見ていくと，現段階では一部の間違いや表現の甘さがある。そ
れに加えて，目新しさや創造性といったことには欠ける。しかし，改善して
いくのも時間の問題であろう。現段階のChatGPTレベルでも，コンサルティ
ング業界の下手な新人コンサルタントに比べれば，AIのほうが優れている
かもしれない。それくらいのレベル感がある。ChatGPTに代表されるAIが，
私たちにそして社会に対し，これからどんな影響を及ぼしていくのだろうか。

私たちはすでにGoogleに毒されている

　仕事をするうえでPCが欠かせなくなったのと同様に，ブラウザの検索エンジンも必須のアイテムとなった。検索エンジンの世界のシェアはGoogleが93%[b]を占め，圧倒している。日本のシェアはGoogleが78%，Yahoo!が15％だ。

　Yahoo!の検索エンジンはGoogleを採用していることから，世界同様，日本でも実質9割以上のシェアをGoogleが握っていることになる。

　Googleは，これだけのシェアを世界中で獲得しているわけだから，いかに優れたツールであるかは言うまでもない。しかし，ご承知のように万能ではない。

　私も調べものをする際にはGoogleを多用しているわけだが，必然的に検索結果が上位にあるものから見ていく。上位にあるものが，あたかも正しい情報であるかのような錯覚に陥ってしまうから予断を許さない。

　Googleマップは，とても便利なツールだ。カーナビに搭載された地図情報よりも圧倒的に正しい情報を表示してくれる。それでも万能ではない。Googleマップの指示どおりに車を運転していたら，車ごと海に飛び込んでしまったという事例があるように。

　私たちは，便利なものに慣れてしまうと，それが当たり前のようになって無条件で受け入れてしまいがちだ。意識しようが無意識であろうが，私たちはすでにGoogleの世界にすっかり嵌まってしまっている。

AIが人間の創造性を侵食する領域に入ってきた

　その巨人Googleをもあわてさせたのが，ChatGPTの台頭だ。検索エンジン自体は，調べる時間の短縮につながる便利なツールにすぎない。提示された検索結果からどれを選びどのように使うかという判断は，私たち人間に委

ねられている。ところがChatGPTは，回答そのものを返してくるのだ。

　ChatGPTをすぐに使える用途は，大学のレポートだろう。教授から出される課題に対し，ChatGPTに問いかければ，レポートの原案を作成してくれる。考えることを学ぶのが大学だが，それをやらずに済ませることができてしまう。

　ChatGPTに限ったことではないが，AIはビジネスの領域で使われ始めている。例えば，日本中にある自動販売機の補充作業だ。売れ筋商品をどこに配置するか，品切れをなくすためにどのくらいの頻度で補充するか，こうした作業は，これまでルートセールスと言われる作業員たちの勘と経験に頼ってきた。今や，AIが指示した内容どおりに，ルートセールスが作業することが求められている。

　学生に人気がある大手企業の採用活動でもAIは使われている。何千人ものエントリーシートから一次選考をAIが行い，その後の面接においてもAIが動画解析を行うことによって，合否判定を出している。

　さらには，ビールや缶チューハイの新商品開発にもAIが使われ始めている。開発においては原料や配合の組み合わせが無数にある。その中から，求められるコンセプトやテイストに合わせて，AIが新商品の提案をしてくれる。

　これまで私たちが知恵を結集して勝負してきたビジネスの領域に対して，AIは徐々に侵食してきているのである。

私たちは考えない葦になってしまうのか？

　ChatGPTの台頭により，AIの開発競争はますます激化するだろう。そして，AIはこれから私たちの身近な存在になっていくはずだ。それは，便利さが増すということであり，考えずに済むことが増えることにつながる。

　私たちは考えなくても生きていけるし，楽しめる。そのとおりだろう。しかし，それが本当に幸せなのかということになると，話は別ではないだろうか。

　AIとの付き合い方を，まさに考える時期が到来したと言える。私たちはAIとどのように向き合い，どのように付き合っていくのがよいのだろうか。

　以下で考察していくことにしよう。

AIを排除することはできない

　AIは，とてつもなく学習能力の高い幼児のようなもの。学習期間中は，あきらかに間違いと分かる回答やピントの外れた返答が返ってくる。まさに幼児が失敗するかのように………。その間違いを正すことで，AIは二度と同じ間違いはしなくなる。世界中の人たちが間違いを正すことに参画しているわけだから，AIの出来の悪さはあっという間に解決されていく。それも，私たちが学習にかける時間より圧倒的に短い「時」の長さで。

　私たちの日常では，スマホやPCが欠かせない。そして，ネットを通じて世界中とつながっている。これからは，私たちの知らないあちこちで，AIが黒子として働いていることになるに違いない。あたかも存在していないかのごとく，AIは仕事や生活の場で頭脳を働かせ続ける。

AIの最大の問題点は何か？

　AIの最大の問題点，それは思考のプロセスが全く見えないことだ。AIは，いつも確からしい回答だけを返してくる。しかし，どのような思考過程でそのように至ったかは教えてくれない。膨大な情報量の中から膨大な数の演算（情報処理）を繰り返して結果が出てくる。そこは私たちの考えが及ぶものではない。

　AIの精度が上がれば上がるほど，AIの信用度は増すことになる。そして，

信用度が増せば，誰もが受け入れるようになっていく。疑問を呈する隙もなく，「AIが出した答えだから」と皆が納得せざるを得ない神の声のように。

　AIによって，私たちの日常の生活や仕事はますます便利になるに違いない。情報を探す過程，仮説を立てる過程，試行錯誤する過程，構想を立案する過程，予定や計画を立てる過程。これらすべての過程をAIが代替してくれる。

　私たちは便利さと引き換えに，思考する過程を放棄することになってしまうのだろうか。

　哲学者の國分功一郎氏は，著書ᶜの中でこのように述べている。

　「大切なのは，理解する過程である。そうした過程が，人に理解する術を，
　　ひいては生きる術を獲得させるのだ。逆に，こうした過程の重要性を無
　　視したとき，人は与えられた情報の単なる奴隷になってしまう。」

人間には不完全ならではの美しさがある

　AIがこれから完全なる知能に近づいていく一方，私たち人間は完全ではない。しかし，不完全だからこそ，AIには持ちえないものが私たち人間にはある。

　いとしさ，やさしさ，ぬくもり，まごころ，せつなさ，怒り，喜び，悲しみ。これらは，人と人が接して初めて感じるもの。私たちは，お互いが不完全だと分かっているからこそ，さまざまな感情が湧き立ってくる。

　薔薇を美しいと感じられるのは私たち人間だ。薔薇の花を1つひとつよく見てみると，個体差があって少しずつ違っている。完全な薔薇などない。そんな不完全な薔薇の花の集合体を，私たちは美しいと感じる。一方，AIはどんな薔薇が美しいのか学習することはできるが，AI自体が薔薇を美しいと感じることはない。

AIとの付き合い方には4通りある

完全に近づいていくAI，そして不完全で居続ける私たち人間。

AIと人間が，同じ土俵で競争できるわけがない。ではどのようにAIと付き合っていけばよいのだろうか。

私は，AIとの付き合い方は4通りあると考えている。

1．AIから距離を置いてしまう

2．AIに埋もれてしまう

3．AIを要領よく使い分ける

4．AIを活用して新たな価値を生み出す

大半の人たちは，3．の「AIを要領よく使い分ける」形態になるだろう。

できることなら，AIの特徴をしっかり理解して，4．の「AIを活用して新たな価値を生み出す」形態にチャレンジすることが望ましい。

AIとの付き合い方

　大切なことは，AIと競争するのではなく，共存し，上手く活用すること。

　私たち一人ひとりが潤いのある人生を過ごせるかどうかは，考え方1つで変わってくる。

1-8 世界に通用するコンセプチュアルスキル

私たち日本人にとって、概念化するということは一般的に苦手な行為だ。

英語の冠詞 "a/an" と "the" を使い分けに苦労した経験のある人も多いだろう。日本語に冠詞は存在しない。"a/an" は概念化された対象物を指すときに使い、"the" は具体的な対象物を指すときに使う。英語を母国語とする人たちは、概念化など意識せずとも "a/an" と "the" を使い分けられるから羨ましい。

実はこれらを使い分けて話すことは、概念化する力（コンセプチュアルスキル^d）の基礎トレに打ってつけだ。どんな能力なのか、解説していこう。

アプリの作り方で分かるコンセプチュアルスキル

世界中で活用されているITの製品やサービスは、欧米のものが圧倒的に多い。GAFAを筆頭に、Microsoft・SAP・Oracle・Salesforce・Adobe等々。これらの企業は、製品の構想段階から概念化の能力をフル活用している。世界中の人たちに自社の製品が活用されることを前提にしているから、設計コンセプトがしっかりしていて、汎用性に優れたものとなっている。

片や、日本のITシステムの多くは、ボトムアップで個別の要望に合わせて作ってしまう。当然、他では使えないため、似たようなシステムをまた一から作ってしまうことになる。政府や自治体のITシステムがその典型だ。それぞれが独自にシステムを作るため、似て非なるシステムが日本中に散在してしまっている。開発を請け負うのは、NTTデータや富士通・NECなどの大手ITベンダー。彼らにとっては、とても儲かる商売の構図だ。しかし、そこには残念ながら、創造性や生産性といった要素は存在しない。

概念化する力 － コンセプチュアルスキルとは

　日常で起こっていること，見聞きしていることは，すべて具体的な事象だ。
　それらの具体的な事象を，汎用的かつ一般的に使えるよう抽象的な言語に
すること，それを概念化という。哲学者，学者や言語学者にとって概念化は
必須のスキルだが，ビジネスにおいてもそのスキルは極めて有効だ。
　概念化という言葉を知らずとも，そして意識せずとも，実践の場でその力
を発揮しているビジネスプレイヤーは至る所にいる。では，概念化できるス
キルを持つ人たちはどんなことができるのだろうか。
　私は，概念化する力（コンセプチュアルスキル）とは，3つの能力を兼ね
備えることだと定義している。

　①本質を捉える能力
　②抽象化する能力
　③言語化する能力

　順を追って説明していこう。

本質を捉える能力は，疑うところから始まる

　2023年2月，東京都に大雪警報が出た。TVはどのチャンネルでもその報
道をしている。しかし蓋を開けてみると，大雪は西側だけで東側の都心部は
雨だった。するとマスコミ各社は，八王子に向かい大雪をライブ中継した。
そして，そのTVを見た地方の人たちは，東京中がどこも大雪だと思い込ん
でしまった。これは実際にあった話だ。
　本質を捉えず，一部の情報だけに基づいて間違った判断をしてしまう例だ。

この例を使って，本質を捉えるとはどういうことか解説していこう。

　まず，東京中が本当に大雪なのか？　と疑ってみることだ。これには批判的な視点が必要となる。

　次に思い込みを捨て，客観的な視点で地図を思い浮かべてみる。八王子は内陸で山も近い。海に近い都心に比べ，冷え込みが厳しいことが想像できる。

　最後に，違う立場，マスコミの側に立って考えてみる。彼らは，視聴者をTVの前に釘付けにして視聴率を上げたいはずだ。だから，雪が降っている場所を探し出し，大げさな映像を流し続けている，といったことが推測できる。

　このような物の見方が，本質を捉える能力だ。「批判的な視点」「客観的な視点」「多面的な視点」これらの３つの視点を使い物事を考えていくことで，本質を捉える能力を養成できる。

抽象化する能力は，汎用的に使える型を作ること

　抽象化する能力の解説には，業務マニュアルと方法論（メソッド）の違いが分かりやすい。どちらもビジネスの現場で使われているもので，似ているように思えるが，全くの別物だ。

　業務マニュアルは，特定の仕事の進め方を事細かに記載した文書。誰がやっても同じ結果になるように，業務の遂行に必要な１つひとつの動作が記載される。仕事の中身が変われば，業務マニュアルは改めて一から作られることになる。どの業務マニュアルにも具体的な内容が記述されているから，そこには抽象化の要素は存在しない。

　片や方法論は，仕事の手順およびアウトプットに必要なフォーマットが記載されている文書。要は，仕事の「型」を定めているものだ。ビジネスの現場では，１つひとつの仕事の中身は違えども，類似の仕事を繰り返し行う。その繰り返しの仕事から共通となる要素を抜き出して，汎用的に使えるよう「型」にすると方法論になる。方法論には具体的な中身はない。汎用的で抽

象的な用語ばかりが記述されている。「型」を定める，これこそが抽象化の実践だ。

　アプリ開発の例では，通常，SEやプログラマーは方法論を活用する。その方法論には，システム用語の定義・開発作業の手順・アウトプットのフォーマットなどが定められている。出来上がってくるアプリは千差万別だが，方法論を適用することで抜け漏れを防ぎ，一定の品質を担保できるのがメリットだ。

　方法論を活用すること自体は，抽象化を実践しているわけではない。万人が使えるような方法論を生み出した人こそが，抽象化を実践したと言える。そう簡単にできることではないが，多くの人たちに役立つものを創造するわけだから，非常に価値あることだ。

　抽象化の実践には，新しいものを生み出すための「探求する力」，全体を見る「俯瞰する力」，そして要素を組み立てていく「構造化する力」の3つの能力が求められてくる。

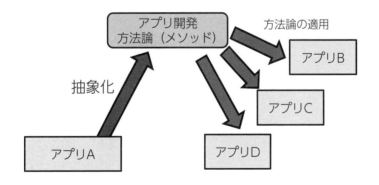

抽象化の例

言語化する能力は，誰もが理解できるように表現すること

　コンセプチュアルスキルの３つ目，言語化する能力を解説しよう。

　これは，抽象化されたぼんやりしたもの，頭に浮かぶイメージを言葉にすることができる能力のことである。ぼんやりしたイメージを言葉という形にし，「要は何か」ということを１つの文体で表現できることだ。

　誰もが理解できる言葉を使って，簡潔に表現することは意外と難しいものだ。意識して日々訓練しておかないと，どうしても回りくどい表現になってしまう。

　逆に，短い表現で言い切れればいいということでもない。１つ良くない見本を挙げよう。時の首相は「新資本主義」「異次元の少子化対策」といった標語を打ち出した。しかし，多くの批判を浴びているように，蓋を開けてみると中身がともなっていない。言葉だけが宙に浮いて，空回りしている状態だ。言語化するということは，誰もが理解してこそ価値が生まれる。

　また，民族や文化の多様性の違いも関わってくる。考え方や慣習の違いがある場合，言葉で明確に表現しないと自分の意思は伝わらない。ところが日本では，不文律，暗黙知，忖度といった表現があるように，言葉にしなくても伝わる環境が至るところにあるので気をつけたいところだ。

　言語化には，固定観念に捉われない「発想力」，イメージを形にする「構想力」，そして言葉を使いこなす「語学力」の３つの力が必要となってくる。

コンセプチュアルスキルを体得して世界で通用する人材に

　ここまで紹介したコンセプチュアルスキルを構成する３つの力，「本質を捉える力」「抽象化する力」「言語化する力」，いずれも日々の実践で誰もが習得できる能力だ。むしろ，スキルを習得しようと意識する必要はない。新

しい仕事にチャレンジしたり，新商品や新サービスの開発をしたり，社会に貢献するような活動をしたりすることで，必然的にこのスキルはついてくる。優れたコンセプチュアルスキルを持つ人たちには，起業家やユニークな経営者が多い。それは，こうした新しいことに常にチャレンジしているからだ。

　コンセプチュアルスキルがなくとも，日々の限定された仕事をすることにおいては困らない。むしろ，要領よく仕事をこなせるほうが期待されるだろう。

　しかし，大きな仕事，世界で通用する仕事をしようと思えば，コンセプチュアルスキルは非常に大切になってくるはずだ。これからの激動する社会環境と，多様化する価値観の中で必ず活きてくるものだと私は信じている。

概念化する力（コンセプチュアルスキル）の構造

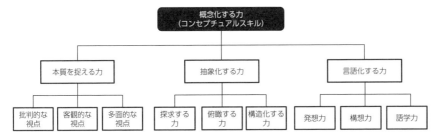

Enhance
Business
Immunity

第 2 章
組織免疫力 編

チームの一員として働くことの
意義を見いだそう

組織の正体が見えてくれば、
ビジネスの世界で生きていくための
免疫力が強化される。

チームの一員として
働くことの
意義を見いだそう

　会社で働くということは，組織の一員になるということだ。
　素の自分の上に，組織という鎧（よろい）を被せられる。
　周りは，同じような鎧を着た人たちの集まりだ。

　組織は集団行動を求める。規律があり，守るべきルールがある。
　それが機能しないと，みんながバラバラになってしまうからだ。

ルールを逸脱しない限り，どのように行動していくのかは自分次第。
　　　　　組織の流れに身を任せるのも結構。
　　　　　流れをつかみ一歩先んじるのもよし。
　　　　　流れに逆らって進むのも有りだ。

　　　　組織という鎧は，足枷にもなれば，
　　　困難な道を切り開くための道具にもなる，
　人生の多くの時間を，組織の一員として費やすのならば，
　せっかくの機会だから，組織を上手に使おうではないか。

　　　　　　組織の正体が見えてくれば，
　ビジネスの世界で生きていくための免疫力が強化される。
　　　　　　そのためにも組織とは
　　　　どういう物なのかを，知っておこう。

2-1 チームとは？ 欧米型チームと日本型チームとの違い

さまざまなビジネスの場面で「チーム」という言葉を目にすることが増えてきた。チームは，もともとスポーツで使われている用語なので，聞こえがいい。勝利に向けてメンバー全員が一丸となって戦う姿勢は，競争状態のビジネスに身を置く企業にとって使いやすい用語だ。

ただ使いやすい用語であるがゆえに，使い方を誤るケースも目につく。上司が部下たちを鼓舞することを目的として「俺たちはチームなのだから，みんなでがんばろうよ」と言う。このような場合は大体，部下たちは冷ややかな目を向け，反応が極めて薄いはずだ。理由は簡単である。上司は，部や課などの組織の単位を，単にチームと言い換えているだけだからだ。

外資系企業や海外の企業で働くと，チームという概念そのものが日本と欧米では違うことに気づく。同一のチーム内で，メンバーによって仕事への向き合い方や価値観が違うのだ。

元来，チームに関するマネジメント論は欧米発だ。体系だった方法論や文献も欧米では数多く存在する。ここでは，ビジネスにおけるチームとは何か？　そして日本と欧米とのチームの考え方の違いについて解説していく。

チームとは，全員の共通目標があること

まず，チームの定義についてしっかり認識していこう。

チームとは，定めた共通目標の達成に向けて，個々のメンバーの能力が有機的に結合し，大きな原動力として活動する集合体のことである。

共通目標とは，職位や年次・役職によって目標を分けるのではなく，メンバー全員にとって同一の目標である。その目標の記述は「私たちチームは，いつまでにどういう状態を目指すのか」という質問の回答として，一文で構

成されることが望ましい。

　定めた共通目標を達成するために必要な人材が，チームメンバーだ。目標を機能と業務に因数分解し，必要人材の能力と要員数を割り出す。当然，個々のメンバーは能力も違えば経験も違う。メンバー間の共同作業や連携作業を前提として，組み合わせの最適解を見いだすことが重要になってくる。

　チームの最大の特徴は，構成する個々のメンバーの役割と責任が明確になっていることだ。一人ひとりが違った役割を持ち責任を担う。したがって，メンバーの一人が欠けてしまうと，チームパフォーマンスに大きく影響してしまう。有事の際には，代替メンバーをすぐに調達できる備えも必要となってくる。

日本型チームの特徴は自己犠牲の精神

「チームの活動のために，体調が悪いのを押して参加した」
「チームの利益を優先して，ここはグッとがまんする」
「一人のメンバーが残業していたので，チームのみんなで手伝った」
　これらが日本型チームによくある光景だ。日本型チームの特徴は，協力し合う，助け合うことに重きを置いている。これは見方を変えれば，自己犠牲の精神でもある。無理を押して頑張りすぎてしまうこともよくあることだ。

　日本型チームでは個の能力が削がれてしまうことがある。メンバー間で牽制し合い，お互いがお見合い状態になったり，もしくは責任の押し付け合いになったりしてしまうケースだ。チーム内の空気を読みすぎたり，相手のことをおもんぱかりすぎたりすることで発生する現象だ。

　チームは本来，個々のメンバーがそれぞれの能力を最大限に発揮することが望ましい。チーム全体の協調性と個の能力発揮，このバランスの取り方次第で，チームパフォーマンスの結果が変わってくる。

欧米型チームの特徴は自己責任の精神

「チームの勝利のために，自らの役割を果たす」

「チームの利益になるからといって，自身が納得できないことは断る」

「個々のパフォーマンスは違うので，仕事の遅い人は残業して当然だ」

　チームといえども，大前提として個々のメンバーが自立していることが欧米型チームの特徴だ。メンバーは，自身に課せられた役割を全うする，つまり自己責任の精神でチームが成立する。メンバーは，自身の仕事以外の業務には基本的に関わらない。他のメンバーの仕事を仮に手伝うことがあるとしたら，リーダーであるボスの指示によることが通常だ。下手に手伝おうとすると，その当人から，領域への介入ということで嫌がられてしまう。

　こうしたことから，欧米型チームでは個の自立性が強くなりすぎてしまう。結果，チームの協調性や連携性に欠ける可能性をはらんでいる。

チーム制はジョブ型雇用と相性がよい

　日本型チームと欧米型チームにはそれぞれ特徴があるわけだが，その違いの背景には，雇用形態と商習慣，そして民族性が強く影響している。したがって，どちらのチーム制が良いか悪いかというよりも，双方の特性を踏まえ，足りない部分をどう補強するか，といった考え方が望ましいだろう。

　日本では昨今，ジョブ型雇用が流行りつつある。ジョブ型雇用では，個々の社員の職務が書面として明確に記述される。つまり，役割と責任が明確であるチームの考え方とジョブ型雇用とは非常に相性がいい。

　今後，ジョブ型雇用が日本で普及していくことで，ビジネス上のチーム活動がより活発になっていくことを期待したい。

2-2 「人に仕事をつける」こと「仕事に人をつける」こと

　有能な社員は手放したくない。出来の悪い社員は受け入れたくない。これが組織の運営を担う部門長の共通の本音だ。

　有能な社員には，次々と仕事が降ってくる。そして多忙を極めるようになる。そのうちに，その社員は疲弊するか，もしくは仕事に対する目的を見失ってしまう。そうして，その社員は転職を決断する。どんな引き留め策を講じようとも，時すでに遅しだ。これが「人に仕事をつける」ことの典型的な失敗例だ。

長年続く「人に仕事をつける」慣習

　日本企業には，人に仕事をつける慣習が染みついている。

　それは流動性の低い終身雇用という枠の中で，一人たりとも社員を遊ばせておきたくないという心理が働いているからだ。社員全員がいつも何かしら仕事をしている状態だから，人が足りないという声がよく挙がる。その結果，仕事をこなせる有能な社員に，多くの仕事が降ってくるようになってしまう。

　人に仕事をつけている企業の実態は，共通して以下のような状況にある。

・同じ業務を何年も行っている職人的な社員が複数名いる。
・全社的なプロジェクトが度々発足するが，いつも決まった社員が兼務でアサインされる。
・声の大きい役員や部門長が，有能な社員を自部門の中に囲い込む。
・有能な社員から辞めていき，受け身でおとなしい社員が居残っている。

　企業の売上が毎年増加し，組織が拡大しているときには，これらのことは

問題化してこない。会社に勢いがあって仕事量も増えている状態なので，外から採用されて入社してくる人に仕事をつけることが可能だからだ。

　問題は，企業の成長が鈍化したときに起こる。社員は，会社の将来に不安を感じ，保守的な思考が高まる。採用を抑えるため，組織も人も硬直化してしまう。結果，社員が仕事を抱え込んでしまい，技術やノウハウが人に帰属するようになってしまうのだ。その社員が転職してしまうと，会社の資産であるはずの大事な技術・ノウハウも一緒に失ってしまう。

"仕事に人をつける"とはどういうことか？

　"人に仕事をつける"ことと"仕事に人をつける"ことの大きな違いは，起点にある。前者の起点は人であり，後者の起点は仕事である。両者を比較しながら，違いを明確にしていこう。

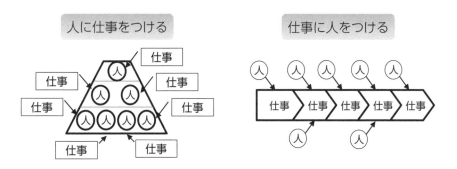

　人に仕事をつける慣習のある企業は，まず組織ありきで考える。組織と人のパズルを組み変えることで，決まった時期に組織の発表と人事の発令を行う。部門長は与えられた人員をベースに年度計画を立て，部下に仕事を割り振るという流れだ。

　一方，仕事に人をつける企業は，事業の戦略ありきで物事を考える。事業

を成長させるために，どのような資源配分をすればよいのか，事業の構造から機能分解していく。そのうえで，戦略を遂行するために必要な組織を設計したのち，人を割り当てるという流れになる。

両者の違いは，どんなことに影響するのか？

　結果的に，両者は傍から見ると組織と人の配置が同じように見える。しかし，ベースにある考え方が違うから，組織としての特性に大きな違いがでてくる。

　違いは3点だ。

　1点目は生産性である。戦略から機能に落として人を割り当てていくと，余剰な人員はまず発生しない。仮に人が足りなくなったとしても，人を増やすには合理的な理由が必要となる。一方，人に仕事をつける場合には，その組織の人員が余剰かどうかは誰も判断がつかない。明確な基準がないから，人員増減の判断は，部門長の声の大きさで左右されてしまう。

　2点目は機動性だ。事業環境が変われば，当然戦略の変更も余儀なくされる。それに応じて，組織と人員も組み直す必要が出てくる。期中であろうが，繁忙期であろうが，機動的に組織編成や社員の役割分担を変えていくためには，仕事に人をつける慣習が必須だ。片や，人に仕事をつける慣習が染みついていると，次の定期人事異動の時期まで待って，組織と人を組み変えることになる。

　3点目は知的資産の保持にある。一般的に，仕事に人をつける企業は，社員の流動性が高い。したがって，技術やノウハウを人に帰属させることを極力避ける。大事な技術とノウハウは会社の所有物としてドキュメント化し，権利の帰属先を明確にしておくようになっている。一方，人に仕事をつけている企業では，長年同じ業務をやっている社員にノウハウが溜まっている。

ドキュメント化もされていないことがほとんどだ。その社員がいなくなると誰も分からなくなってしまう，というリスクを抱え続けることになる。

「仕事に人をつける」ことはジョブ型雇用そのもの

前節「チームとは？」では，チーム制とジョブ型雇用の考え方は相性が良いことを述べた。ジョブ型雇用とは，ジョブ（仕事）を最初に定義し，それに対して人を割り当てる雇用の制度だ。つまり，本質的に「仕事に人をつける」ことそのものである。根底にある考え方は，上記3つの違いで述べたとおりだ。

ジョブ型雇用は，単なる人事の施策ではない。経営方針と経営サイクルを大きく転換するものである。「人に仕事をつける」体質を残したままジョブ型雇用を採用すると，社内でとんでもない混乱が生じることになるだろう。

単に，有能な人材を採用するためだけにジョブ型雇用と謳っている企業もある。皆さんが所属している企業，もしくは働きたいと思っている企業が，ジョブ型雇用制度を標榜するときには，しっかりと見極めることをお勧めしたい。

2-3 仕事ができる社員には3タイプある

　「彼は優秀だ」「彼女は仕事ができる」といった評価を得ている社員は，どの組織においても一定数いるはずだ。上司からの信頼があって，何か事があれば必ず声のかかる存在の社員である。では，仕事ができる社員とはどのような能力を持った人たちのことを言うのであろうか？

　「仕事ができる」ということを因数分解すると，次の3つの要素に分かれる。

・どんな仕事をやるべきか設定できる
・その仕事をどう処理するか考えられる
・その仕事を最後まで完遂できる

　仕事ができる社員は，上記3つのうちのいずれかを得意としている。私は，それぞれのタイプの社員を「課題設定型」「問題処理型」「作業遂行型」と呼んでいる。以下，それぞれについて解説していこう。

困難な問題に立ち向かう「課題設定型」

　会社組織では，常に数々の問題が起きる。それらを客観的に見つめ，最優先の問題を見極め，その問題解決のために行動を起こせる人，それが課題設定型の社員である。

　課題設定型の社員にとっては，問題を解決することが最大の関心事だ。解決することで大きな効果が得られる問題に立ち向かうから，必然的に問題の難易度は高くなる。当然，自分一人の力だけで解決することはできないので，解決に向けて必要なリソース（資金，専門知識・専門能力を持つ人，設備や道具）を集めることに全力を注いでいくのが，このタイプの特徴だ。

そつなく仕事をこなす「問題処理型」

　問題処理型は，問題解決に当たり，そつなく，そして失敗することなく対応していける人だ。

　このタイプの特徴としては，自らの手に負えない問題には関わらない。自身によって解決できると踏んだ問題に対し，着手する傾向にある。学力テストで言えば，5教科7科目でどれも平均点を超え，偏差値は60以上を常にとれる秀才型のタイプだ。問題を解くことにおいて質とスピードに卓越した能力を発揮するので，経営者にとっては大変使い勝手が良い。一方，問題を作成する側，つまり新たな課題を設定したり，困難なことにチャレンジしたりする側に回ることは，まずないことも特徴だ。

作業の質と量を担保できる「作業遂行型」

　自ら引き受けた仕事を，一定の質を担保しながら最後まで完遂できる社員も重宝される。作業遂行型の社員だ。

　課題が設定されたのち，その実行段階に移っていくと，莫大な量の作業が発生するが，その作業を滞りなく，そつなくこなせる人材がこれに当たる。

　何をどんな順番で作業すればいいか，誰にどう働きかけて作業をお願いすればいいか，といった段取りをデザインでき，そして実務を進めていける能力だ。このタイプの社員は，自ら進んで動くことはしないが，受けた仕事は最後まで完遂できることが大きな強みである。

これからの日本に求められるリーダーのタイプは？

「課題設定型」「問題処理型」「作業遂行型」，どのタイプも会社組織にとって必要な人材だ。上手く機能している会社では，この3タイプの人材たちが絶妙なバランスで配置されている。課題設定型ばかりだと会社の中が取っ散らかってしまうし，問題処理型ばかりでは未来のビジョンが描けない。作業遂行型ばかりでは，指示待ちの受け身の組織になってしまう。

日本でこれまでに輩出された大企業の社長の顔ぶれは，問題処理型のタイプが圧倒的に多かったと思う。自らリスクを取って，誰もやっていないような難しい課題設定をしなくてもよかった。世界を見れば常にどこかに先例があった。先例を上手く自社に取り込めば，成功につなげることができた。出世の過程で減点主義の評価制度が問題処理型のタイプに有利に働いた。

現在の社会と企業を取り巻く環境は大きく変わった。加速度的テクノロジーの進化，地球環境の変動，米中露欧の綱引きによる地政学リスク，コロナ禍を経た消費者心理の変化など，誰にとっても過去の経験則が活かせない未知の領域である。先例が出てくるのを待つことなく，勇気をもってチャレンジしていくことが必要だ。それはまさに課題設定型のリーダーに備わっている能力である。その能力と気概を持ったリーダーたちが次々と出現することを，期待することにしよう。

3タイプの仕事のできる社員の絶妙なバランスが経営を安定させる

2-4 意識が変わる　行動が変わる

　会社のビジネスが成熟期を迎えると，確立された事業モデルに胡坐をかいて，慢心しがちになる。危機感が薄れ，昨日と同じことを繰り返すことで仕事をした気になってしまう。そうしているうちに事業は停滞し，それと同期するかのように少しずつ社員のモチベーションは下がっていく。

　そんな職場の環境に出くわしたことはないだろうか。自らは危機感を感じて何とかしたいと思っていても，みんなが同じような気持ちであるわけではない。組織が大きければ大きいほど，危機感の共有は難しくなっていく。

　社員みんなの意識と行動を変えていくためにはどうすればいいのだろうか。

　社員みんながやる気をもって取り組む組織は，どうすればできるのだろうか。

　これらの想いは，経営者も役員も，そして中間管理職も同じだ。常日頃から，考え悩み続けている。数人レベルの小さな組織であれば，個別に対話することによって，意識と行動を変えていけるかもしれない。しかし，数十人，数百人，数千人規模の組織となると，対話だけでは不可能だ。社員一人ひとり，多種多様な価値観を持っているのだから。

　大きな組織の社員の意識と行動を変えていくには，何かしらの仕掛けが必要だ。その仕掛けについてこれから解説していこう。

構造を変えることで，意識と行動が変わる

　企業は複数の要素で構成されていて，その要素が組み合わさることによってある構造が出来上がっている。その構造は，大きく3種類だ。

　ビジネスの構造・組織の構造・予算の構造である。これらの構造を変えると，社員の意識と行動は著しく変わってくるようになる。

① ビジネスの構造を変える

これまで外注していた業務があるとしよう。その業務を自社に取り込み，内製化していくことは，ビジネスの構造を変えることの1つだ。外部にあるノウハウや技術を取得し，自力で顧客に提供していくことは，そう簡単ではない。これまでの顧客の満足度を維持しながら，さらに新規の顧客を開拓していくために，相応の品質を確保して市場競争力を高めなければならない。技術とノウハウの取得だけではなく，人材の採用と教育，業務プロセスの変更，そしてマネジメントの仕組みの確立，これらに対し新たな取り組みが求められる。

単なる製品の販売からサービスビジネスへ事業展開する場合も，ビジネス構造が変わる。製品粗利で利益を積み上げる商売と，人工（にんく）をベースとしたサービスの販売とでは，売り方も利益の上げ方も全く違ってくる。値段の付け方，コストのかけ方，人の配置の仕方，販売チャネルのあり方，業務のプロセス，会計処理，これらすべての構造が変わってくる。

ビジネスの構造が変われば，今までの仕事のやり方は通用しなくなる。新たな学びが必要だ。自ずと社員の意識も行動も変わっていく。

② 組織の構造を変える

組織を変えることは，経営者の専売特許だ。組織の統合，組織の分割，組織の新設。これらは，人事異動の時期に頻繁に行われている。異動の対象となった社員は，当然のことながら新天地で新たな意識と行動が求められる。

大がかりに組織構造を変える例を紹介しよう。ホールディング会社を設立し，その配下に複数の事業会社を置くケースだ。老舗の企業や事業の成長が停滞気味の企業によく見られる。この背景には，現状を打破したい経営者の意図が根底にある。事業会社の社員たちが経営者としての意識を持ち，事業が利益体質になるような行動を取っていくこと，そういった狙いがある。

M&Aをして同業の会社を買収したケースも，意識と行動を変えるきっかけとなる。2つの会社が1つになるわけだから，無駄は至るところに出てく

る。これまで手を付けられなかった過剰な無駄を排除するとともに，新しい価値観を醸成し，仕事のやり方を再設計する機会となりうる。

③　予算の構造を変える

　会社の予算は組織に紐づいて割り当てられる。したがって，組織の構造を変えると同時に，予算の構造を変えることでさらに意識と行動を変えることが可能だ。

　例えば，新規に立ち上げた成長産業に投資するケースがそれに当たる。未来への大きな投資は，当然のことながらリスクをともなう。加えて，投資をするということは既存の事業で得た利益を他に振り向けることになるから，既存事業部門からの反発や抵抗が出てくる。しかし，他社に先駆けて事業の果実を得るためには必要な戦略だ。資金だけではなく，人というリソースも，新規部門に割り当てなければならない。将来可能性のある社員たちを新規部門に配置することで，モチベーションを高めることが可能だ。

仕組みを変えることで，意識と行動が変わる

　会社にはさまざまな制度とルールがある。そして仕事のやり方が定められている。

　制度やルール，そして仕事のやり方は，絶対的なものではない。社会環境が変わり，市場環境が変わり，そして労働環境が変われば，それらは変えていくべきものとなる。環境が変わっても，それらが変わらなければ歪みや摩擦が生じる。

　仕組みを変えるとは，制度・ルール・仕事のやり方を変えることだ。社員の意識と行動が変わるだけのインパクトのある仕組みは3つある。

　「管理会計」「人事制度」「IT化」だ。

① 管理会計の仕組みを変える

　管理会計とは，組織を評価する仕組みである。その結果を用いて，経営判断をするための仕組みでもある。組織の活動を可視化し，重要な指標を数値化して，トラッキングしていくのだ。週次や月次で，社内に配られる業績レポートをイメージするといいだろう。

　管理会計で定めた指標は，会社がそれぞれの組織に対し何を重要視しているのかということを明確にしたものだ。その指標を期間内で達成すれば評価され，処遇や報酬の反映にもつながる。だから，組織の部門長にとっては最優先の事項だ。その指標次第で，組織の構成員の意識と行動が変わってくる。

② 人事制度の仕組みを変える

　先に述べた管理会計は組織の評価指標であるのに対し，人事制度は一人ひとりの社員の評価指標を定めたものである。

　やっている仕事に対して給与が見合わない。正当に評価されない。この先のキャリアのビジョンが描けない。成果を上げていないのに高い給与をもらっている年長社員がいる。このような社員たちの不平不満が積み上がっていく根本原因は人事制度にある。属人的で主観的な評価を行い，年功序列的に報酬が決まっていく人事制度を採用している会社は数多くある。

　人事制度の仕組みを変える際には，評価・報酬・処遇・キャリアモデル，これらを合わせて再設計する。何をやれば会社から評価されるのか，この会社でどんなキャリアを積むことができるか，それらを示すことで社員の意識と行動は大きく変わってくる。

③ IT化により業務の仕組みを変える

　プライベートではスマホを使いこなしているにもかかわらず，仕事では旧来の紙ベースの仕事のやり方に固執している経営者や中高年社員はいまだに多い。

　会議資料が紙で配布される。いまだに紙の伝票がある。仕事のやり方が長

年変わっていない。利益に直結しない業務が肥大化している。その人しか分からないブラックボックス化した仕事がある。会議において発言しない参加者が大勢いる。このような現象は，会社の至る所に点在している。ITは，これらの課題を解決する有効なツールだ。

無駄な業務を削ぎ落し，ITに任せられる業務はすべて任せる。それによって，本来人間が行うべき知的生産活動に集中できるよう，仕事のやり方を変えていくことが可能だ。

過去，IT導入はコストがかかるため慎重な判断を要した。しかし，今や，IT導入のコストは格段に下がった。社員の意識と行動を変えることができる最もハードルの低い手段がITと言えるだろう。

意識が変わり，行動が変わり，結果が変わる

ここまで述べてきたように，「構造を変える」「仕組みを変える」ことにより，社員の意識を変え，行動を変えることが可能だ。

取り組みの最初から，社員の意識と行動を変えようと力む必要はない。順番を意識すればよい。最初は，構造または仕組み，そこから変えていくことだ。それらが狙いどおりに変わっていけば，社員の意識も行動も自ずとついてくる。

そして，社員の意識と行動が変われば，必ず結果も変わってくる。結果とは収益につながる指標だ。売上やコスト，生産性といった指標につながる。

組織の規模が大きくなればなるほど，そして会社の歴史が長ければ長いほど，構造と仕組みを変えることの難易度は高まってくる。抵抗勢力がいるからだ。変わらないことで既得権益を得ている人たちはどんな組織にもいて，その人たちは必ず抵抗する。

変わらないことと，変わること，どちらが会社の将来のためになるか，十

分考えてみよう。変わることにはリスクはあるが，成功した暁には大きな成果がもたらされるはずだ。同じ思いを持つ人たちに議論を持ちかけてみよう。そして仲間と支援者を増やすことだ。

　事業の停滞感，先行きの不透明感が出てくる兆候が見えてきたら，勇気をもって，会社の構造や仕組みの改革の提案をしてみよう。

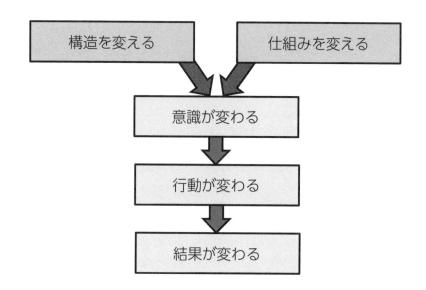

2-5 「変えるべきもの」と「変えてはいけないもの」

　コンサルタントという職種で仕事をしていると，会社や組織を大きく変えようとするプロジェクトに参画することが多くなる。

　事業の行き詰まり，旧態依然とした仕事のやり方，新事業が生まれてこない企業文化，停滞する生産性，スピード感のない意思決定プロセス，不公正な人事評価制度等々，プロジェクトの背景にある問題意識はさまざまだ。

　問題を解決するためには，何かを変えなくてはならない。

　この節では，変えるべきものを抽出するときの頭の整理の仕方を紹介しよう。

新しいことをやるために隙間を作る

　コロナ禍を経て，世の中はデジタルというキーワードに踊らされている。デジタル技術を適用すれば改革につながる，と取り違えてしまいがちだ。

　気をつけなければならないのは，デジタル技術はあくまで手段ということだ。何かを変えるときや何かを新しく導入する際に，デジタル技術が有効となるのは事実だ。しかし，その上位にある概念をしっかり定めておかないと，手段が目的化してしまう。大事なことは，何を変えるのか，その対象を明確にしておくことだ。

　何も変えないまま，プラスオンで新たにデジタル技術やITツールを導入してしまうとどうなるのか想像してみよう。社員の負荷が増え，生産性を落とすだけになる。価値を上げるどころか，価値を下げる取り組みに成り下がってしまう。

　新しいことをやるときには，その新しいものが入るだけの隙間を作ってあげることが必要だ。そのためには，既存の制度やルール，社内の組織や仕組みにもメスを入れなければならない。隙間を作るために既存のものをやめる，または既存のものを新しいものに置き換えるという外科手術が求められる。

変えるべきことを考えるための整理法

　何かを大きく変えようと思えば思うほど，その影響範囲は大きくなる。下手をすると，変えてはいけないものまで変えてしまう可能性もある。逆に，本当に変えなければならない所に至らず，上っ面だけ変えて終わってしまうこともある。俯瞰的な目線で「変えるべきもの」と「変えてはいけないもの」を考えていこう。一方，社会情勢の変化や事業環境の変化によって，自然と「変わっていくもの」もある。逆に，多少の外圧があっても揺るがず「変わらないもの」もある。

「変えるべきもの」	⇒	問題となる根本の原因
「変えてはいけないもの」	⇒	絶対的な価値と根底にある信念
「変わっていくもの」	⇒	社会情勢や事業環境
「変わらないもの」	⇒	本来的に持つ特徴や特性

　この４つの要素を象限に分けて整理していくと，全体像が見えて対象が明確になる。私が実際に関わった改革プロジェクトの中から，例を次頁に示した。
　この例は，全社的な業務改革プロジェクトが立ち上がった直後に，プロジェクトメンバーと合宿を行い，議論を重ねて１枚の成果物を作り上げたものだ。
　最大の成果は，全員の頭の中におぼろげながら浮かんでいた「変えるべきもの」の存在が，明確な言葉となって意思統一できたことにある。

　この整理法は，自身のことを考えるときにも役立つ。
　思い立って，何か新しいことをやろうと心に決めるときには，その新しいことが入るだけの隙間が必要だ。心の隙間と時間の隙間である。そのためにも，今までやってきたことをやめてしまうか，優先順位を下げて縮小してい

く必要がある。加えて本当に大事なもの，つまり自分の信念とか価値観とかは変えてはいけないはずだ。そういったものを書き出していくと，決心が徐々に固まってくる。

　決して難しいことではない。頭の中にあるものを，整理して言語化することで気づきが得られる道具の1つだ。

変えるべき対象を整理する（業務改革プロジェクトの例）

━ 変わるもの ━

- ◆社員の構成
- ◆オフィス環境
- ◆事業内容，商品構成
- ◆顧客のニーズ
- ◆法規制
- ◆市場環境，市場規模
- ◆販売チャネル，代理店組織
- ◆関係会社
- ◆株主構成，株主の要求
- ◆競合会社の構成

━ 変えるべきもの ━

- ☐経営スピード，新規事業の立ち上げスピード
- ☐社員の意識（セクショナリズム・危機感の欠如・データ軽視）
- ☐コスト構造
- ☐管理会計の仕組み
- ☐ヒエラルキー型組織
- ☐売上・利益偏重主義
- ☐社員の直間比率
- ☐権限と責任の曖昧な社風
- ☐顧客の評価
- ☐時代に合わない情報システム
- ☐年功序列型の人事制度

━ 変わらないもの ━

- ●経営理念
- ●利益の追求
- ●当社がプラットフォーマーであること
- ●多種多様な事業形態
- ●真面目な社員

━ 変えてはいけないもの ━

- ➤自由な社風
- ➤ゆるやかな上下関係
- ➤人材重視
- ➤企画と設計が中核能力
- ➤チャレンジスピリット

2-6 「教育」ではなく「学習」を目指そう

　私たちは何かを学ぶ際に，教育という概念が身体に染みついてしまっている。それは小学校から大学まで十数年にわたり，教育を受け続けてきたためだ。

　社会人になってからも，教育がつきまとう。新人研修に始まり，役職研修・技能研修，コンプライアンス研修から情報セキュリティ研修に至るまで，すべて会社から強制的に受けさせられる教育システムだ。これらの研修プログラムは，会社の中の一組織人として機能するためには，もちろん必要なものである。

　そして現場の実態は，会社の人事部門が懸命に社員たちを鼓舞して，これらの研修プログラムを半強制的に受講させている。社員たちは常に受け身だ。

「教育」と「学習」との違いは何かを考えてみる

　教育は，"教え育てる"と書く。これは教える側の立場の言葉だ。学ぶ側の立場の言葉ではない。主導権は常に教える側にあり，学ぶ側は受動的になる。教育という言葉には，学ぶ側の主体性は含まれていない。

　対して，学習は，"学び，習う"と書く。この言葉の主体は，学ぶ側にある。何を学ぶのか，そしてどうやって学ぶのかを選択する権利は，学ぶ側にある。学習は指示や命令に従って教わるのではなく，自らの意思で学ぶことを第一義に置いている。

　教育は対象者全員の能力の底上げが基本だ。均一化を目指している。片や，学習は自らの得意分野を持つことが目的だ。ユニーク性・卓越性を目指す。

　仮に学ぶ中身は同じだとしても，教育と学習では，その効果に大きな違いがあることは容易に想像できるであろう。

日本の教育システムの弊害

日本の教育システムの最大の弊害は、"なぜ（Why）"の意識を失うことだ。

・なぜ、この知識が必要なのか、
・このスキルを身につければ、どんな世界が開けてくるのか

　このような最上位概念の説明がないままに、降り注ぐような大量の情報と技法を詰め込む。それは、これらの科目を学ぶその意義を、生徒に分かりやすく伝えられる先生が、残念ながら数少ないからだ。入試やテストによく出てくる暗記事項と問題の解き方を教えるだけに留まる。
　企業の研修プログラムも同様である。なぜ、この研修を受けなければならないのか、という合理的な説明に乏しい。だから社員たちは仕方なく受講することになる。どんなに優れた研修内容でも、その意義が分かっていないとすぐに忘れるものだ。ただ受講したという事実が履歴に残るだけになってしまう。

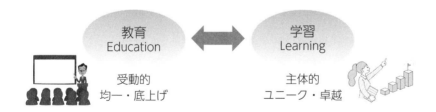

学習する組織への転換

社員たちが自ら進んで学習しようとする組織の文化は、どうやって醸成さ

れるのだろうか？

　答えは，キャリアパスの提示にある。

　社員たちにとって，将来どんなキャリアのルートがあるのか。そして，そのルートを目指していくためには，どんな知識・スキル・経験が必要なのか。複数の選択肢のあるキャリアの道筋を，企業側が社員に対し明示することだ。

　将来の道筋を示してあげることで，個々の社員は自身の人生設計がしやすくなる。何に対して頑張ればよいか，どこに時間を使えばよいか，ということが見えてくる。頑張る目標が定まれば，必然的に学習意欲が湧いてくるはずだ。

　今は価値観が多様化している時代だ。キャリアパスは1つ（単線型）ではなく複数の選択肢，つまり複線型キャリアパスの提示がベストだ。それがあると，将来に事業が縮小または拡大した場合に，社員の再配置にも対応できる。

　社員たちが，学習しようとする意欲を持つようになると，その組織はぜん強くなる。新しい知識や技術への感度が高まり，変化対応力がついてくるからだ。

　学習する組織への転換，それは，これからの日本経済の大きなテーマになるだろう。

　自らの人生の転機においては，選ぼうとしている企業において，どこまで学習する組織の仕組みが出来上がっているか，それも判断材料の1つになることを覚えておきたい。

2-7 組織が研修を遠ざける理由，社員が研修を嫌う理由

社員は研修が嫌いである。特に顧客対応をしている現場の社員には不人気だ。

研修への出席を促されても「顧客とのアポイントが入っている」とか「重要な会議が入っている」とか，社員たちは何かと理由をつけて出席したがらない。

片や，研修を推進する人事部は弱小だ。人数が少ないうえに，予算も少ない。そして経営者たちの関心も薄い。

多くの経営者たちは「人は財産である」と声高に公言している。それにもかかわらず，人を育てることに対して会社組織の優先順位は低い。

日本は先進諸国の中で，人材の能力開発にかける予算が最低の規模である。厚生労働省発表によると，GDPに占める能力開発費の割合は，欧米諸国が1％から2％を占めるのに対し，日本は一桁少ない0.1％という貧弱な数値[e]だ。

なぜ，こんなことになってしまっているのだろうか。

短期目線であるがゆえに，優先順位が落ちてしまう

企業は業績見通しが悪くなると，コスト削減に走る。

削減の対象となる勘定科目のベスト3を挙げてみよう。第一位は接待交際費とタクシー代，第二位に広告宣伝費，そして第三位に教育研修費が入ってくる。残念なことだが，目先の利益を確保するために人を育てる費用を削るのだ。

上場企業は3か月単位で業績の公開を強いられている。必然的に経営目線は短期になる。非上場企業であっても，日々の売上や利益にこだわる経営者だと目線は短期だ。この目線の低さが，コスト削減という圧力に転換されてしまう。

接待交際費やタクシー代は，不要不急という理由で禁止令がでる。広告宣伝費は来期の予算に回そうということになる。教育研修費は，すぐに効果が出るわけではないから，これも来期にやろうということで片づけられてしまう。

OJTは未来への人材投資ではない

日本企業の研修のベースは，OJT（オンザジョブトレーニング）だ。要は，実践を通じて現場で学ぶというスタイルが主流である。先人たちが積み上げてきた知識とノウハウを，先輩諸氏が若手社員に教えるのだ。

OJTは，スキルが未熟な社員が業務を円滑にできるようにするための訓練という意味では価値がある。一人当たりの生産性の平均を1とすると，OJTは，生産性が1未満の社員に対して1に近づけようとする行為と考えてよい。

OJTは，あくまで現状業務が対象であって，社員スキルの底上げが目的だ。会社の未来のための投資という考え方はそこにはない。未来のためのスキル開発を行うのであれば，別メニューがどうしても必要だ。現場任せではなく，本社主導もしくは部門横断プロジェクトチームでの検討が求められてくる。

社員が研修を嫌う理由は，日々の活動目線に遠いから

次に，社員の側に立って研修を考えてみよう。

社員たちは通常，人事部門や上司から強制的に出席を命じられる。そして，渋々研修に参加する。そんなモチベーションで参加したとて，得られるものはたかが知れている。なぜ，社員たちは研修に参加したがらないのだろうか。

研修を一番嫌がる職種，営業を例にして考えてみよう。

　営業は，常に数字という目標を担って活動する。目標達成に向けて課され
た期間は，早いところで週次，通常は月次で締める。彼ら彼女らの活動目線
は，必然的に短期だ。

　一方，研修の目線は中長期だ。効果はすぐに出てこない。研修内容を理解
し，体得し，実践を繰り返すことによって，初めて糧となる。

　研修目線が，日々の活動の目線に遠くなればなるほど，営業にとって研修
はピンとこないし，優先順位が低くなってしまう。人事担当者が，どんなに
熱く研修の重要性を訴えても，営業社員の心には響かない。頭では理解して
も身体が反応しないのだ。

社員が喜ぶ研修メニューは，実践で使えるもの

研修が嫌いな社員でも，受講して喜ぶ研修メニューはいくつかある。
日々の活動に直結する内容の研修だ。営業向けを例にしてみよう。

◆新商品，新サービスの知識と売り方
◆成功事例の紹介
◆見積手法を学ぶ
◆円滑な契約手続きの進め方

　これらの研修では出席率は高い。明日からの活動に活かすことができて，かつ効果が見込めることが明確だからだ。

　しかし，出席率が高いからといって，事例の紹介ばかりやっていても，それだけでは足りないことは皆さん周知のことであろう。これらの研修の目的は，主として知識の習得にある。どちらかというと，学校授業の企業版のようなものだ。本来の研修が目的とするスキル向上に直結するものではない。

最も効果的なのはマネージャに研修を課すこと

　スキル向上に最も有効なのは，現場の実践を通じて学ぶことだ。現場でのチャレンジ要素が高ければ高い実践ほど，スキルは確実に上がっていく。

　営業のケースで言えば，以下のようなチャレンジがそれに値するだろう。

・ガチンコの競合提案で大きな受注を勝ち取る
・誰も落とせなかった新規顧客を契約に持ち込む
・トラブルが続き，失った顧客の信頼を回復させる　等々

　難易度が高いことへのチャレンジは，単独では難しい。そこに寄り添い，親身に指導する第三者の存在が必要だ。最も身近な存在は，上司であるマネージャだ。マネージャこそが，部下の社員たちを育てられる指導者の候補である。

　スポーツの世界では，指導力のないコーチの下では選手は育たない。ビジネスの世界でも同様だ。社員の育成はマネージャの指導力に依存する。マネージャ自らが，現場で実践し，助言し，そして部下に任せてみて，初めてその部下はものになってくる。

　マネージャは一流のプレーヤーである必要はない。部下の個性を理解し，部下の足りない部分を補完し，伸ばせるように指導できればよい。そのため

には，マネージャは体系的に業務とプロセスを理解し，さまざまな見方と捉え方ができるようになっておくことだ。決して，自分の成功体験だけでスキルがあると勘違いしないように心がけよう。部下の行動を客観的に捉え，その先にある顧客や利害関係者の立場と思考が理解できるようにしておくことが肝要だ。

　マネージャとしてのスキルを体系的に学ぶには，外部の研修会社のメニューからいくらでも選択可能だ。若手社員ばかりに研修を受けさせるのではなく，管理職であるマネージャたちが積極的に研修を受け，部下への指導に持ち込むことで効果は大きく出てくる。

Sクラスの社員へは特別カリキュラムを割り当てる

　社員を能力別に分布すると，どの組織でも大体2割くらいの社員は高い能力を持っている。それらの社員には，さらに能力を伸ばすために特別カリキュラムの受講を促すのがよいだろう。Sクラスの社員は，スキルにおいて上司を超えるべきポテンシャルがあるからだ。もちろん，能力がまだ開花していない社員に対し，潜在能力を見込んで受講させることも有りだ。

　特別カリキュラムは，専門的スキルを高めるトレーニングと，汎用的スキルを高めるトレーニングに分かれる。専門的スキルは，業種や業態によって多種多様だ。ここでは，汎用的スキルを高めるトレーニングを4つ紹介しよう。

◆質問力を高める
　相手から有効な情報を聞き出す力（1－6「質問力を鍛える」参照）：
　的確な質問を行うことができれば，相手の真の課題を見いだせるようになる。

◆分析力を高める

財務データや販売データ，市場データから発見や気づきを見いだす力：
分析軸の引き出しを増やし仮説の構築と検証ができるようになると，単な
る数値のグラフ化ではないインパクトのある分析結果を提示できるように
なる。

◆ロジカルシンキング力をつける

論理的な思考に基づき説得力のある資料を作れる力：
目的と手段を明確にして（1−3「手段を目的化する習性から脱皮する」
参照），論理的に展開することによって説得力のある資料になる。

◆プレゼンテーション力

顧客に対し分かりやすい訴求力のある説明ができる力：
どんなに良い提案書でもプレゼンが下手だと伝わらない。それを克服する
ための技法を会得し相手の心をつかむ。

「強制・底上げ型」から「自律・台頭型」への研修スタイルへ

リスキリングという流行語に踊らされて，社員の研修強化に走る企業は多
い。資金に余力のあるいくつかの大企業は，「デジタル人材育成」「DX人材
育成」などと銘打って，社員全員に研修を課そうとしている。しかし，そう
いった活動は，はっきり言ってナンセンスだ。

本節でも語っているように，底上げを目的に強制的に研修を受けさせても
効果はたかだか知れている。「デジタル」「DX」と一口に言っても，担う職
種と求められるスキルは多岐にわたるから，一様の教育には無理がある。

大事なことは，社員一人ひとりが自律的に学習するスタイルになれるかど
うかに尽きる。そのために会社や組織は道筋を提示してあげることだ。

　ここで仕事を続けていくと，どんなキャリアが開けてくるのか。何をやれば社員は会社から褒められるのか。そのためにどんなスキルと経験を積めばいいのか。道筋と，その階段を上がるために必要なトレーニングメニューを揃えておけばよい。やる気のある社員たちは，それを見て自律的に学ぶはずだ。

　底上げという考え方には，終身雇用制度がベースにある。雇い続けなければならないから，社員に対し給与に見合う能力を企業は求め続けるのだ。その考え方はもはや古い。

　これからの企業は，社員が学習できる環境を整え，社員の自律性を促すよう働きかけるべきだ。そして積極的に学び，台頭してきた社員を引き上げていく企業が，本当の強さを持つようになっていくだろう。

自律型の学習組織では教育研修部門の役割も変わる

　企業が自律型の学習組織に変わると，人材教育を行う部門の役割も変わってくる。外部の研修会社からの言葉巧みな営業を受け，少ない予算の中から研修を発注する。嫌がる社員のスケジュールを調整し，強制的に研修に出席させる。このような調整型の機能はいらなくなる。

　会社や組織が社員に求めるキャリア，スキル，経験が明確になっているわけだから，それに必要なトレーニングメニューを整えることに注力すればよい。トレーニングは原則，内製だ。社内で該当するスキルを持つ有能な社員たちに対し，トレーニングを開発し自ら実施するように仕事を割り当てることだ。

　有能な社員たちは仕事が出来るから当然忙しい。だからこそ，トレーニングを主導する業務を，仕事として割り当てる。やり遂げた暁には，きちんと評価に反映するルールも併せて作っておくことが大切だ。

　トレーニングメニューが増えて社内講師が台頭してくると，次の世代への伝承も可能となる。若手社員を講師として養成し，次々と任せていけばよい

のだ。そして任せた分の余力は，新たな領域のトレーニング開発に振り向けることができる。トレーニングメニューの数が自律的に増えていき，社内講師も自律的に増える。この好循環サイクルを実現することこそが，学習する組織の本質だ。

　研修部門にはもう1つの役割がある。それは社員たちへキャリアのアドバイスをしていく機能である。社員たちに寄り添い，一人ひとりのキャリアアップのための学習活動を支援する立場だ。将来のキャリアに悩む社員たちの背中を少しだけ押してあげることで，活気ある学習組織に転換していくだろう。

第3章
市場免疫力 編

市場を創ること、売上を伸ばすことの
醍醐味を体感しよう

市場に対して能動的に変化を仕掛けてこそ
自らの価値を高めることができる。
ビジネスで起きるさまざまな事象に対応する
免疫力を磨くことになる。

市場を創ること，
売上を伸ばすことの
醍醐味を体感しよう

市場と関わり合う仕事は，ダイナミズムに満ちあふれている。

常に変化する市場。新技術による革新，価値観の多様化，
代替製品による新陳代謝，新たな競合の参入，政府の規制，
国家間の政情，人口動態の変化。

いくつもの要因が複雑に絡み合い，市場に影響を与え続ける。

売りと買いの場があるのが市場。
会社は市場と向き合い，市場からの売上によって成立する。
求められるのは，変化を敏感に捉え，
機動的に市場に仕掛けていく力。

製品開発・マーケティング・営業・カスタマーサービス。

これらの部門で働く社員は，市場という大きな枠組みを捉え，
顧客一人ひとりに向き合うことが仕事となる。

市場を創る，そしてその新しい市場で売上を伸ばしていく。

市場に対して能動的に，変化を仕掛けてこそ
自らの価値を高めることができる。
ビジネスで起きるさまざまな事象に対応する
免疫力を磨くことになる。

3-1 営業とマーケティングの本質的な違い

　営業とマーケティング，それぞれについて解説した書籍は世にごまんとある。営業には営業のプロがいて，マーケティングにもプロがいる。個別の理論やノウハウはそれぞれの専門家に委ねることとして，ここでは営業とマーケティングの本質的な違いについて解説していこう。

営業は顧客を，マーケティングは市場を見る

　営業とマーケティングの違いを一言でいえば，「営業は顧客を見る」「マーケティングは市場を見る」ということに尽きる。

　営業の対象は一人ひとりの顧客だ。顧客が何に困り，何を求めているのか，ヒアリングや調査を重ね，顧客の要望を満たすために提案する。顧客へ提供する価値と，それに対する対価のバランスが勝負だ。顧客が求める条件と会社が出せる条件がギリギリ一致するレベルになると，契約が成立する。営業の目線は，常に顧客と同じ高さにある。

　一方マーケティングの対象は，自社の商品やサービスの属する市場が対象だ。そこには競合商品・類似商品がひしめいている。市場の中で，自社の商

品は今どんな位置にあるのか，そして今後どんな位置にもっていきたいのか
を突き詰める。その目指す位置に近づくために，狙い定めた顧客たちへさま
ざまな媒体を用いてメッセージを送り届ける。顧客たちはその情報に喚起さ
れて購入行動に出る。結果として，自社商品の売上が上がり，市場における
自社商品の地位が高まればマーケティングは成功だ。

　マーケティングの目線は，常に市場という枠組みを見上げている。

営業とマーケティングでは，KGIは同じだがKPIが違う

　営業もマーケティングも，最終目標とする指標（KGI：Key Goal Indicator）
は同じだ。企業にとってとても大切な財務指標，売上である。

　ところが，売上に至るまでの双方のアプローチや行程は，全く異なってく
る。営業は一人ひとりの顧客に働きかける。マーケティングは市場に働きか
ける。

　どちらも，最終目標とする売上に至るまでの行程は，長く険しい。だから，
売上という目標に着実に近づいているかどうか，客観的に計り続ける必要が
ある。それが中間指標（KPI：Key Performance Indicator）だ。

　KPIは関所のようなものである。関所ごとに，売上目標を達成できるだけ
の質と量が担保されているかどうかを計る。計るべき対象は，行動と結果だ。

　営業とマーケティングでは働きかける対象が違うから，取るべき行動と結
果が違ってくる。どのような行動と結果をKPIとして計っていくのか，次頁
で解説していくことにしよう。

　下図は，具体的な営業とマーケティングのKGI・KPIの一例だ。

　前頁で述べたように，双方とも最終目標であるKGIは売上である。一方，中間指標であるKPIは，以下の3つの切り口で捉えることが可能だ。

◆アプローチした際の反応

　営業は顧客の反応として，引き合いの件数や新規の訪問件数：

　マーケティングは市場の反応として，エンゲージメント[f]率やUU数[g]・PV数[h]

◆購入したいという欲求の度合

　営業は顧客の購買意欲として，提案件数や受注率：

　マーケティングは市場の購買意欲として，パネル調査[i]やCVR[j]

◆購入した後の満足度

　営業は顧客の満足度として，リピート率やライフタイムバリュー[k]：

　マーケティング市場の満足度として，ブランド認知度[l]や離反率[m]

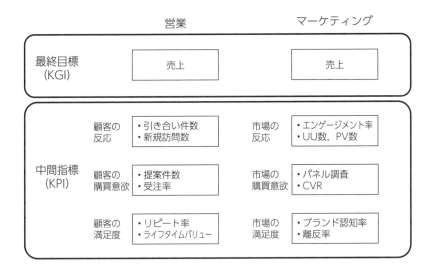

個の積み上げが営業，構造から分解するのがマーケティング

　営業とマーケティングは，思考回路と発想の起点にも違いが出てくる。

　営業は，顧客という個に対して丁寧に対応していくのが仕事だ。1つひとつの行動の積み重ねがベースになってくる。行動の積み重ねが売上数字につながり，売上数字として積み上げていった結果が，組織としての売上実績となる。売上は一定の期間に一定の数字を積み上げていく必要があるから，効率的に道のりを進んでいく必要がある。したがって，1つの良い行動が出てくると，それを事例として共有し，みんなで同じ行動を取るように促していく。

　一方，市場という大きな枠組みから，解を導くことを求められるのがマーケティングだ。まず全体感を捉え，それを理解できるレベルまで分解する。どう構造的に分解するかという概念的な思考が求められる。分解したものから差別化できる強みに徹底的にフォーカスするのがマーケティングの原則だ。成功事例を参考にしてしまうと，似たような二番煎じの商品になり下がる。マーケティングにおいては自社商品の強みを磨き上げることによって，他とは違う独自の世界観を創り上げることと，その伝え方がとても重要だ。

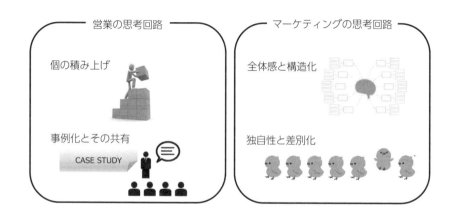

営業とマーケティング，2つの見識がキャリアを強くする

以上，営業とマーケティングの本質的な違いを3点解説した。

・営業は顧客を見る，マーケティングは市場を見る
・営業とマーケティングでは，KGIは同じだがKPIは違う
・個の積み上げが営業，構造から分解するのがマーケティング

将来のキャリアアップを目指す方々には，営業とマーケティング，双方の視点を持つことが大切だ。事業の行き先を定めるような大きな戦略を描く際は，マーケティングの視点が必須となる。一方，重要顧客に対峙して契約までの道筋を立てる際には，営業の経験とノウハウが求められる。

マーケティングに偏りすぎると，理論と手段ばかりを振りかざした頭でっかちになってしまう。片や営業に偏りすぎると，過去の成功体験に引きずられて柔軟性に欠けた思考回路になってしまうから要注意だ。

営業とマーケティング，それぞれの目線と思考を切り替えることができるようになっていくと，自らのスキルは自ずと上がっていくに違いない。

3-2 営業とマーケティングはトレードオフにある

　マーケティングに関わる職種が脚光を浴びるようになってから久しい。どんな仕事をしているのかと聞かれてマーケティングだと答えると，何となく聞こえがいい。一方，営業という仕事には泥臭いイメージがついて回る。

　ドラッカーの書籍の一文にこのような記載がある。

　「マーケティングの究極の目的は，営業を不必要とすることである」[n]

　営業職に就いている方々にとっては不愉快な言葉だろう。これが，どういうことを意味しているのか解説していこう。

営業とマーケティングの財布は１つ

　企業は，商品やサービスの販売を通じ，売上を立てることで成立している。その売上を最大化するために必要な機能が，マーケティングと営業だ。どちらの機能にも人員を配置するが，その人数は通常，営業部門のほうが圧倒的に多い。営業部門は社内に人員を抱え，一人ひとりが売上目標を持って活動する。一方，マーケティング部門の人数は少なく，外部の人間を使う。メディア・制作・PR・Web・マーケティングツールなど，専門分野に応じて発注する。

　営業部門にとっての最大のコストは人件費だ。マーケティング部門のコストは外注費と広告宣伝費が多くを占める。それらのコストをいかに最適化・効率化していくかが重要となってくる。経営者にとって財布は１つだ。営業とマーケティングそれぞれに，どれだけの予算を割り当てるかという舵取りが求められる。

マーケティングの多様化と低コスト化が構造を変えた

インターネットが台頭する以前，およそ20年前には，マーケティング活動でできることは限られていた。マスメディアと言われるTV・新聞・ラジオ・雑誌を通じた広告宣伝，ポストに投函されるDMやチラシ，大人数を一堂に集める展示会やイベント，店頭での販促，といった活動である。

これらの活動に，本気で取り組むなら，数千万円から数億円もの費用がかかってくる。そのため資本力のある大企業だけが，本格的なマーケティングを実施できるという恩恵があった。資本力のない中小企業は，チラシ・DM・看板くらいしか選択肢がなかったのである。

ところが，インターネットという世界共通のコミュニケーション基盤が確立されて様相が変わった。インターネットによるサービスや技術を活用することにより，小さな会社でも消費者や顧客に直接情報を届けることが簡単に

20年前

マーケティング		営業		
・DM	・名簿取得	・パンフレット配布	・提案書作成	・接待攻勢
・チラシ	・Telがけ	・新商品案内	・見積作成	・条件交渉
・新聞広告	・飛び込み営業			・クロージング
・雑誌広告	・御用聞き営業			
・展示会				
（＋資本力のある企業はTV）				

現在

マーケティング			営業	
・DM	・ホームページ	・デジタルカタログ	・引き合い/紹介	・条件交渉
・チラシ	・メルマガ	・診断ツール	・顧客ヒアリング	・クロージング
・電話	・SNS	・見積作成ツール	・提案書作成	
・新聞広告	・ネット広告	・レコメンドエンジン	・見積作成	
・展示会	・自動配信/表示	・顧客管理/分析		
（＋資本力のある企業はTV）				

できるようになった。新規の顧客開拓もインターネットを通じてできる。それも低コストで，かつ少ない人員で賄えるのだ。

　多くの営業マンたちが汗を流し，苦労して活動してきたことは，インターネットを活用したマーケティング活動で代替できるようになった。こうしてマーケティングと営業の関係が根本的に変わっていく。

営業はなくなってしまうのか？

　約20年前の2000年では，日本の営業職は968万人いた。それが現在100万人減って856万人となっている°。営業の担ってきた役割の一部が，マーケティングに移管されてきているのは間違いない。しかし，営業機能がすべて不要になるということは，まずありえない。売上最大化を目指す企業にとって，営業にしか担えないとても大事な仕事がある。具体的に挙げていこう。

・最後のクロージング

　　購入するものが高価であればあるほど顧客は判断に迷う。悩む顧客の背中を，最後に一押しすることは営業にしかできない。

・信頼・信用を勝ち取る

　　マーケティングを通して伝えられる情報は，概して販売する側に都合の良い情報である。営業による直接対話は，顧客の信頼を得る重要な手段である。

・付加価値を付ける

　　システム開発のあとの運用サービス，機械販売のあとのメンテナンスサービスなど，製品とサービスをセットで売るような付加価値のある提案ができるのは営業の醍醐味だ。

・ハードな条件交渉

　　メーカーと小売店との販売条件の交渉や，元請と下請との契約交渉など，ハードな条件交渉においては営業の高度なスキルが試される。

・紹介による新規顧客開拓

　　顧客の厚い信頼を勝ち取ると，自然と新たな顧客を紹介されるようになる。紹介された顧客との関係はすでに信頼がベースにあるから，安定した収益基盤の源となる。

求められるのはプロフェッショナル

　顧客はネットを通じ，簡単に欲しい情報を得ることができる。もはや，御用聞き営業は不要だ。顧客が営業に求めることは，的確なニーズの把握と課題解決できるだけの提案力だ。

　一方，マーケティングの世界では，次々と新しい技術を活用した製品やサービスが台頭している。顧客は，それら技術に精通し，かつ顧客のニーズに適したサービスが提供されることを求めてくる。

　営業とマーケティング，両者に共通して求められるのは，プロとしての高いスキルだ。営業のプロフェッショナル，そしてマーケティングのプロフェッショナルこそが，必要とされている時代だ。

3-3 マーケティングの醍醐味

マーケティングに関わる仕事は多岐にわたる。ブランドマネージャ，宣伝担当，PR担当，クリエイター，デザイナー，コピーライター，広告代理店，媒体社，広告配信会社，調査会社，制作会社，印刷会社，Web開発会社等々。

多くのスペシャリストたちがマーケティングの仕事に関わっているが，究極の共通目標はただ1つ。自らが担当する商品・サービスの市場シェアを上げて，売上を伸ばすことだ。

市場と向き合うことが，マーケティング活動そのものである。その市場への向き合い方は大きく3つに分類できる。

◆市場の創造
◆市場への参入
◆市場内競争

それぞれについて特徴を解説していこう。

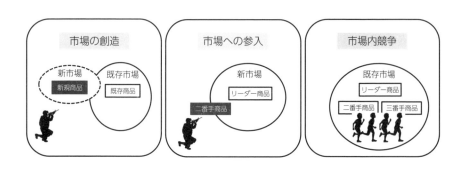

市場の創造は，最もエキサイティングな活動である

新たな市場を創り出すことは，最もエキサイティングであり，かつ最も難

易度が高い。新市場が形成される過程では，既存の市場とは全く違った世界観が広がり，ムーブメントを湧き起こす。新市場を創り出したリーダー商品は，のちに参入する二番手・三番手も巻きこみ，市場拡大を牽引する存在となる。

　直近の分かりやすい例を挙げてみよう。コカ・コーラが初めてお酒の市場に投入した商品，「檸檬堂」がこれに当たる。檸檬堂が発売されるまでは，缶チューハイという市場があり，その中の1つの種類としてレモン味（レモンサワー）があるに過ぎなかった。そこにコカ・コーラは，最も売れているレモン味に着目した。そこにフォーカスして徹底して商品を磨き上げた。その結果，レモンチューハイという市場が創り出された。今や，スーパーやコンビニの棚には，檸檬堂はじめ他社のレモンチューハイがずらりと並び，商品スペースの一定面積を占有していることが観察できる。

　他にも市場を創り出した身近な商品は至る所にある。ロボット掃除機市場を創り出したルンバ，機械警備市場を創り出したセコムのホームセキュリティ，ウイスキーを復活させハイボール市場を創り出したサントリー，吊り下げ型の虫除け市場のアース製薬，自動車の新しいカテゴリーであるSUV市場のトヨタのハリアー等々。

　市場創造は全社的な取り組みだ。緻密な製品開発，大胆なマーケティング活動，流通への幅広い営業戦略，全国規模のサプライチェーン，それらが一体となって整合性をとりながら前進していく。成功に導くために莫大な予算が投下される。まさにハイリスクハイリターンの取り組みだ。当然のことだが，新たな市場形成に失敗して消えていくブランドのほうが圧倒的に多い。「イノベーションには失敗はつきもの」という覚悟がいるのも，この市場創造の取り組みならではの特徴だ。

市場への参入は，差別化が勝負のポイント

　新たな市場がいったん形成されて，その後拡大していく過程では，必ず二番手・三番手が参入する。理由は明快だ。新市場の成長にともない，既存市場での売上が下がるからだ。消費者の財布の絶対額や企業の払える予算は決まっているから，新商品の購入額が増えれば，必然的に既存商品を買わなくなる。そのため，同業他社はこぞって新市場へ参入する。成長する市場の果実を少しでも奪取しようとするのだ。

　新市場に追随して参入する際は，市場を牽引するリーダー商品と比較して，いかに違いを見せるかが勝負のポイントとなる。消費者には，すでにリーダー商品の印象がインプットされている。二番手・三番手の商品は常にその比較対象となる。だから，機能・価格・デザイン・売り方・伝え方など，さまざまなところで工夫を凝らして差別化を試みる。

　新市場が急拡大する過程で新規参入する場合，じっくりと時間をかけた製品開発や戦略策定ができないことも特徴だ。成長する市場から果実を少しでも多く得るためにはスピードが大事だ。そこで気をつけるべきことは，上辺を取り繕うだけの参入にならないようにすることだ。本質を突き詰めないまま新商品をリリースしてしまうと，大体のケースにおいて消費者からの賛同を得られない。果実を得るどころか，早々の市場撤退になりかねないのだ。

　二番手は二番手なりの，三番手は三番手なりのマーケティング戦略を立案し，確実に実行していくことがとても重要だ。

市場内競争では，常に効率性が求められる

　新市場は，一定の時間ののちに成長が鈍化していく。そして成熟市場となる。こうなると市場全体の売上額は，毎年それほどの大きな変化はなくなっ

てくる。既存市場という位置づけだ。

　既存市場においては毎年のように，シェアの奪い合いが繰り広げられる。リーダー商品も二番手・三番手商品も，ほんのわずかなポイントだけでもシェアを上げるために工夫を凝らす。新規顧客の獲得，休眠顧客の覚醒，既存顧客のRFM[p]スコアアップなど，手を替え品を替えてさまざまなマーケティング施策を講じ，消費者の興味喚起に奮闘する。

　市場内競争が繰り広げられている段階では，どの会社においてもその商品部門は多かれ少なかれ黒字の状態だ。そこから生み出される利益の大半は，市場を創造するための別の商品開発に回されてしまう。したがって，限られた予算の中で最大限の効果を得ること，つまり効率性が求められるのも，この市場内競争の特徴である。

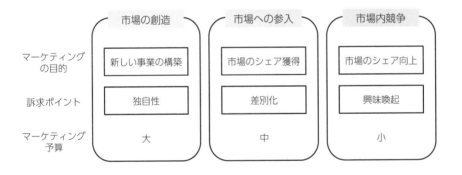

　以上のように，市場の捉え方には3つある。

　これらの市場に対するマーケティングの考え方と取り組み内容は，大きく違うことが分かるだろう。通常のマーケティングの仕事では，3番目の市場内競争のケースが圧倒的に多い。そして，滅多に経験することができないのが1番目の市場創造のケースだ。

　市場創造の仕事の機会に遭遇するようなことがあれば，大いに楽しみ，そしてダイナミックにチャレンジしていくことをお勧めしたい。

3-4　内製化が進むマーケティング。人材に求められる能力とは

　ネットが台頭するようになり，企業では，自社の組織内にマーケティング機能を置くことが当たり前になった。

　ネット上に自社媒体（ホームページ）を配置し，顧客や消費者に，タイムリーに生きた情報を届けることができる。SNSを活用し，旬の自信作やアピールしたい製品を，文字と写真と動画で伝えられる。ファンやコミュニティを形成することができる。ネット上のさまざまな媒体の広告枠を直接購入して，自らがターゲットとした相手に，届けたいメッセージを伝えられる。

　今や，自らの創意工夫次第で，世の中にあるツールを駆使して情報発信できる環境が整っている。

コモディティ化した広告媒体

　インターネットのなかった時代を振り返ってみよう。当時のマーケティングは，効率や効果という概念が希薄だった。広告媒体には希少価値があり，枠の値段が高価だったからだ。企業が広告媒体を活用したい場合は，独占販売権を握る広告代理店に頼るしかなく，それができるのは資金力のある大手企業に限られていた。資金力のない企業は，DMやチラシ，電話・訪問販売などの人海戦術的手段に頼らざるを得なかった。当時は，マーケティングという言葉自体も今ほど使われない。組織名は，宣伝部とか販促部・調査部と呼ばれていた。

　現在では，企業が消費者や顧客に自社の製品・サービスの情報を直接届けることが容易だ。それを実現する機能こそがマーケティングである。自社にマーケティング機能を置くということは，マーケティングに長けた人材を配置することだ。マーケティング人材は，市場とのコミュニケーションを通じ，

自社の製品やサービスの認知度を上げ，ブランド価値を高めることがミッションだ。

では，どんな能力がマーケティング人材に求められるのだろうか？

業種によって異なるマーケティング人材の能力

マーケティングの仕事は，企画の立案，コミュニケーション計画の策定，WebサイトやSNSの運用，そしてデジタル技術の見極めに至るまで多岐にわたる。すべての業務を，一個人の能力だけで完結することはできない。大事なところだけを内製化することで社内の知見として蓄積していき，実際に手を動かす専門的な作業は，外に上手く切り出すことが肝要だ。

企業がマーケティング人材に求める能力は，その企業が目指そうとするマーケティングのレベルによって異なってくる。販売形態と業種によって，傾向が大きく5種類に分類できる。

①無店舗業種
②リアル店舗を持つメーカー・サービス業
③卸売主体のメーカー・サービス業
④流通・小売業
⑤法人ビジネス，およびインフラ系・官公庁

番号の若い業種ほど，デジタル化への対応度合が高い。

順番にマーケティング人材に求められる能力を解説していこう。

無店舗業種では，最も高いマーケティングレベルが求められる

　ゲーム・ネット金融・ネット通販などのリアル店舗を持たない企業は，ITそのものが事業基盤であり，かつマーケティング基盤である。マーケティング自体が事業戦略に直結する。当然，マーケティング人材には事業立案能力や実行能力が問われてくる。

　事業が上手く回っているかどうかを判断する能力も求められてくるから，会計知識も必要だ。さらにデジタル技術に対する目利き力も求められる。ネット上の競争に勝ち続けるために，新しいデジタル技術の導入や更新が頻繁に求められるからだ。

リアル店舗を持つメーカーでは，統合力が求められる

　自動車や化粧品・アパレル・ラグジュアリーブランドなどのメーカーは，リアルの店舗を構える。これらの企業は，リアルの店舗とバーチャルであるネットとの両方の空間でブランドの世界観を演出する。その世界観に共鳴する顧客を取り込み，購買につなげるのが狙いだ。マーケティング人材は，リアルとネットの2つの空間をまたいで，統合的なマーケティング戦略を立案できることが求められる。TVや雑誌，自社サイト，SNSらを駆使して，店舗や自社サイトに見込み客を誘導する。そして，いかに購入につなげていくかが勝負だ。

　ブランド価値の高い商品ほど，リピーターとしての購買率も高くなる。そのため，顧客とのリレーションを重視したCRM[q]戦略を立案・実行できることもマーケティング人材に要求されるスキルだ。

卸売主体のメーカーでは，代理店のコントロール力が要

　お酒やソフトドリンク・冷凍食品や調味料，洗剤などの生活必需品は，TV CMでお馴染みの商品だ。これらの商品を提供するメーカーは，商品単価が低いため卸売が主体となる。消費者と直接コンタクトが難しいから，TV・雑誌・電車広告・ネット広告・イベント広告，あらゆる媒体を使って消費者の目に留まるようなマーケティング活動を展開する。認知を高めることで，店頭に並ぶ商品の中から自社商品を選んでもらうのが狙いだ。

　単価が低い製品の宿命として，ブランドスイッチが起こりやすい。飽きがこないよう，頻繁に機能やデザインのリニューアルを行うのも特徴だ。

　これらの商品は，インパクトのある広告演出や話題性の提供が大事になってくるから，著名なクリエイターや媒体力のある広告代理店とタッグを組むのが通常だ。マーケティング人材は，海千山千の広告代理店の営業たちをいかに上手くコントロールするかが鍵となる。効率的なプロモーションによる市場シェアの向上，それが最大のミッションである。

流通・小売では，外部頼みからの転換が課題

　薄利多売のビジネスモデルが主流の流通・小売では，一部の企業を除き，ECサイト運営においてはいまだ赤字が続く状態だ。販促手段においては，旧来のチラシとDMからなかなか脱却できていない。デジタルマーケティングにも取り組んでいるが，試行錯誤が続いている企業がほとんどである。

　この業種での最大の悩みは人材不足だ。販促活動やIT活用は常に外部頼みの構図であり，やるべき事が十分にできていない。業界の平均給与が低いことも，IT人材やマーケティング人材を獲れない要因の1つだ。

　まだ発展途上の段階なので，ある意味，今後のポテンシャルは十分にある。

自社主体のマーケティングに転換，つまりマーケティング人材を自社に抱え，リテールマーケティングのノウハウと知見を蓄積していけば，効果が自ずと出てくるはずである。

法人ビジネスや官公庁では，きめ細かい対応が不可欠

デジタル化が最も遅れているのは，重電・機械・商社などの法人ビジネス系企業やインフラ系企業，そして官公庁である。

コミュニケーションの主体はメールであり，外部への情報発信は自社Webサイトが中心だ。最近は，見込み客獲得のためのMA（マーケティングオートメーション）ツール'と言われるシステムを導入しているところもあるが，十分に使いこなせている企業はごくわずかだ。

これらの業種の特徴は，社内でITやマーケティングに精通した人が少ないことにある。したがって，マーケティング人材は基本的な知識と経験があ

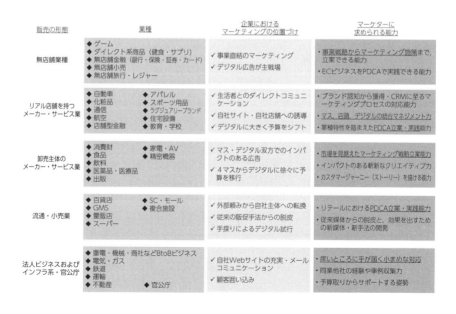

販売の形態	業種		企業における マーケティングの位置づけ	マーケターに 求められる能力
無店舗業種	◆ ゲーム ◆ ダイレクト系商品（健食・サプリ） ◆ 無店舗金融（銀行・保険・証券・カード） ◆ 無店舗小売 ◆ 無店舗旅行・レジャー		✓ 事業直結のマーケティング ✓ デジタル広告が主戦場	・事業戦略からマーケティング施策まで，立案できる能力 ・ECビジネスをPDCAで実践できる能力
リアル店舗を持つメーカー・サービス業	◆ 自動車 ◆ 化粧品 ◆ 通信 ◆ 航空 ◆ 店舗型金融	◆ アパレル ◆ スポーツ用品 ◆ ラグジュアリーブランド ◆ 住宅設備 ◆ 教育・学校	✓ 生活者とのダイレクトコミュニケーション ✓ 自社サイト・自社店舗への誘導 ✓ デジタルに大きく予算をシフト	・ブランド認知から獲得・CRMに至るマーケティングプロセスの対応能力 ・マス，店頭，デジタルの統合マネジメント力 ・業種特性を踏まえたPDCA立案・実践能力
卸売主体のメーカー・サービス業	◆ 消費財 ◆ 食品 ◆ 飲料 ◆ 医薬品・医療品 ◆ 出版	◆ 家電・AV ◆ 精密機器	✓ マス・デジタル双方でのインパクトのある広告 ✓ 4マスからデジタルに徐々に予算を移行	・市場を見据えたマーケティング戦略立案能力 ・インパクトのある斬新なクリエイティブ力 ・カスタマージャーニー（ストーリー）を描ける能力
流通・小売業	◆ 百貨店 ◆ GMS ◆ 量販店 ◆ スーパー	◆ SC・モール ◆ 複合施設	✓ 外部頼みから自社主体への転換 ✓ 従来の販促手法からの脱皮 ✓ 手探りによるデジタル試行	・リテールにおけるPDCA立案・実践能力 ・従来媒体からの脱皮と，効果を出すための新媒体・新手法の開発
法人ビジネスおよびインフラ系・官公庁	◆ 重電・機械・商社などBtoBビジネス ◆ 電気・ガス ◆ 鉄道 ◆ 運輸 ◆ 不動産	◆ 官公庁	✓ 自社Webサイトの充実・メールコミュニケーション ✓ 顧客囲い込み	・痒いところに手が届く小まめな対応 ・同業他社の経験や事例収集力 ・予算取りからサポートする姿勢

れば，社内で重宝される。また古い体質の組織であるため，根回しや予算取りなどのプロセスに手間と時間を要するのも特徴の1つだ。痒い所に手が届くような，きめ細かいサポートが不可欠となってくる。

　以上，マーケティング人材に求められる能力は，業種ごとで大きく違ってくる。

　業種間で時間差はあれども，今後，コミュニケーションの主体がますますデジタルに移行していくことは間違いない。広告にかける予算も同様に，4マス媒体からインターネット媒体に年を追うごとに移行している。

　デジタル化により，どの企業にとってもマーケティングが身近になった。今後さらに取り組む企業が増えていくことで，裾野が広がっていくに違いない。それに連動して，マーケティング人材の価値は上がっていくと見ている。

3-5 マーケティングですべて解決できるという幻想

マーケティング全盛期の時代だ。デジタルシフトにともない，マーケティング技術が日進月歩の勢いで進化し，裾野と深みが増している。

中小企業でも一個人でも，SNSを使えば無料で世界に発信できる。ネット広告を安価に使って，自社の商品やサービスをアピールできる。ホームページは，テンプレートを使えば簡単に構築でき，コンテンツの更新も自らで行える。その中で資金力のある大手企業は，少しでも目立つ広告を作りたいから，著名なクリエイターや人気タレントを使って派手に演出する。

世の中は，煌びやかなデザインとインパクトのあるメッセージで満ちあふれている。やる気になれば，誰もがマーケティングを実践できる時代だ。

前節3－4（「内製化が進むマーケティング。人材に求められる能力とは」）では，マーケティングという仕事で求められる人材像について言及した。マーケティング人材を求める需要は，これからも拡大していくだろう。調子のよいときは，本質的なことを見失いがちになる。ここでは老婆心ながら，肝に銘じておいたほうがいいことを3点お伝えしたいと思う。

消費者は馬鹿ではない

マーケティングは，ただ面白ければよいというものではない。インスタ映えする画像を拡散すればよいという話でもない。その手のことだけやっていても，いずれネタは尽きる。

大量のTVCMを投入し，騒然とした映像と音を刷り込んだとしても，それが売上に直結するとは限らない。運よくメディアに取り上げられたとしても，それは一時的な流行だ。その光景は幻想のように消え失せてしまうことが多い。

消費者は移り気であると同時に，本能的に本質を見極める能力を持ち得て

いる。商品を一度は試してみることがあっても，リピーターになるにはそれなりの理由が自らの心に刻まれなければならない。一時的な盛り上がりで慢心しないよう気をつけたいところだ。

広告は，良いことずくめのメッセージ

マーケティングの命題は，対象となる商品やサービスをいかに魅力的に消費者に伝えるか，ということに尽きる。だから必然的に，私たちが日々目にする広告（コピー・記事・映像・画像・音声）は，良いことずくめのメッセージだ。それらは，機能や特性を説明しているだけに留まらない。美しさや華やかさ，心地よさ，愛しさなど，誰もが好む情緒的な表現を盛り込んで訴えかけてくる。私たちはそれらの甘い誘惑によって，購入行動へと導かれていく。

人間に長所と短所があるのと同じで，どんなに素晴らしい商品・サービスでも欠点は必ずあるものだ。商品の欠点をあえて全面的に取り上げる必要はないのだが，良いことばかりアピールするのも考え物だ。逆に消費者から裏があると勘繰られるのがオチだ。

また，嘘はついていないけれども，表現を誇張しすぎるのも問題だ。法律に引っかかりさえしなければ良し，とする考え方は捨てたほうがいい。その行為自体が，商品やサービスの価値を落としていることに，いずれ広告主は気づかされることになるのだから。

着目すべきは本来の商品価値

広告をよく観察してみると，商品価値がないものほど，しつこく，そして誇張ぎみに表現していることが見えてくる。

　単に，上っ面だけ着飾っても正体はすぐにばれる。つまらない商品だったら，まずは商品に磨きをかけることをやっていこう。広告へ大量の予算を投入する前に，商品価値を上げることに予算を費やすべきだ。

　経営の上層部は，得てして売上という結果を早期に求めてくる。それに対し，現場の商品開発担当やマーケティング担当が毅然とした姿勢で臨めるかどうか，それによって商品の運命は決まってくる。

　売りたい商品が圧倒的なブランド価値を持つようになると，市場の中で独自のポジショニングを得る。そうなってくれば，こっちのものだ。無駄な広告費をかける必要はない。唯一無二の価値を提供することで，消費者は自然と寄ってくる。そこには差別化とか競争とかいった世界とは全く無縁の世界が広がる。競争しないこと，戦わないことこそが，マーケティングの究極の姿である。

　以上，マーケティングの仕事をするうえで，心に留めておいたほうがよいことを3点言及した。

　マーケティングはあくまでも手段である。商品を着飾ったり，その良さを魅力的に伝えたりすることはできるが，商品そのものの本質的な価値を上げることは別の話だ。マーケティングによって，すべてが解決できるかのような幻想にとらわれることのないよう十分に気をつけたい。

3-6 御用聞き営業から，ソリューション営業へ

　ここまでマーケティングの仕事について語ってきた。ここからは営業の仕事について語っていこう。

　顧客はネットを通じて必要な情報を得ることができる。誰しもAIを使って比較検討ができる。情報収集から検討・購入に至るまでネットで完結できる。もはや御用聞き営業は不要の時代となった。

　3－2節（「営業とマーケティングはトレードオフにある」）で述べているように，営業とマーケティングはトレードオフの関係にあって，これまでの営業の仕事はマーケティングの仕事に代替されてきている。

　営業に求められる仕事は，プロフェッショナルとしてのより高度な業務だ。一言でいうと「ソリューション営業」という言葉で体現されるだろう。

　すでに，多くの企業は"ソリューション"という言葉を前面に打ち出している。サービスの名称・組織の名称・広告コピー・経営者のメッセージ等々，至る所で目につくようになった。

　そもそもソリューションとは何か，そしてソリューション営業とはどのような仕事なのか，解説していくことにしよう。

ソリューションは，複雑で難解な問題にこそ活きてくる

　語源のSolutionは"問題解決"という意味だ。企業がソリューションという言葉を使うときには，"お客様の問題を解決します"と言っているわけである。企業は，お客様に提供するサービスの1つとして，問題解決という行為を商品化しているのだ。つまり企業は，提供している製品やサービスに付加価値をつけて売っていることになる。

　問題解決といっても簡単な問題であれば，顧客は自分自身で解決することができる。だからソリューションは不要だ。複雑で難解な問題であり，かつ

顧客自身が自らで解決できないときに，ソリューションビジネスは活きてくるのだ。

複雑で難解な問題とは，主に以下のような場合になる。

◆数ある選択肢から，最適な組み合わせで構築するシステムやサービス
◆新しい技術を活用して，新たに開発する商品やサービス
◆導入に際し，特定の技術やノウハウが必要となってくる製品やサービス

もともとソリューションという言葉は，IT事業者やシステムベンダーがよく使っていた。昨今では，多くの業種でビジネスが複雑化しているから，上記に該当するケースが増えてきた。金融・製造・運輸・物流・広告メディアなど，業種問わずソリューションビジネスを標榜している。

ソリューションは誰に提供するものなのか？

問題解決というからには，問題を抱えている組織の責任者や担当者が営業のターゲットとなってくる。ところが，そのターゲットは総じて，現場で多忙を極める立場にある。まず見つけ出すのが難しい。本当に問題を抱えている人は誰なのか。現場で意思決定できる人は誰なのか。そこにたどり着くことが肝要だ。

正しい営業先（ライトパーソン）が見つかり，コミュニケーションできるようになることが営業の第一歩である。次のステップは，そのライトパーソンから悩みを聞き出すことだ。それがソリューション営業の基本である。

ソリューション営業は，通常，法人が相手だ。組織が相手だからどうしても手間と時間がかかる。だから受注単価が高額もしくは高利益率でないと割に合わない。個人向けだと富裕層向けの金融サービスなどもそれに該当する。

御用聞き営業とソリューション営業の違いは？

　一昔前の製品カタログをベースに商売をしている会社を考えてみよう。顧客の手元には製品カタログがある。何か必要なものが出てきたとき，何か困ったときに，顧客はそのカタログを広げる。今抱えている問題を解決するための製品はどれなのか，自らが選ぶという行為だ。それから顧客は営業に問い合わせる。営業の役割は，納期と在庫の確認，そして受注伝票を切るのが仕事だ。顧客がどんな問題を抱えているのかを営業は知る必要がない。これが御用聞き営業の典型だ。今やこの手の仕事は，ほぼネットに置き換わったから皆無に近いだろう。

　現代の御用聞き営業のスタイルは，決まった顧客を担当して，毎年同じような受注を繰り返しているようなケースだ。顧客側の担当者も長年変わらない。発注する予算も毎年ほぼ変動がない。毎年決まった予算の中で，双方が使い道を考える。顧客は営業に，毎回見積もりや提案書のようなものを求めるが，それはどちらかというと社内決裁のために必要な手続き的な位置づけだ。この手の御用聞き営業スタイルは，いまだ多くの大手企業の営業部門に存在する。

それらの営業が担当するのは，主に官公庁や老舗の企業の顧客だ。受注する営業側，発注する顧客側，どちらも仕事自体が既得権益化している。だから新しい取り組みには後ろ向きだし，改革とかイノベーションといったことには程遠いところで，日々ルーティンの仕事をこなすことになる。

ソリューション営業が御用聞き営業と大きく違うところは，「予算ありきではない」ということだ。顧客が本当に必要としているのは予算消化ではなく，問題解決である。本当に悩んでいる問題を解決してくれるだけの能力をもった企業，そして組織と人に対して，顧客は心を開いて情報を開示する。

顧客が購入する製品やサービスは，結果的にはソリューション営業の場合も，御用聞き営業の場合も同じになるかもしれない。しかし，そこに至るまでのプロセスが全く違ってくる。そのプロセスを次に解説していこう。

ソリューション営業のプロセス

顧客の問題を解決していくには，段階を経ていくことが必要だ。そのプロセスは大きく分けて5段階だ。

① 顧客に質問を投げかけて問題を特定する

顧客が真に解決したい問題は何か，そしてその原因はどこにあるのか，それを特定することが最初のステップだ。通常，社内で起きている問題を，顧客は外の人に話したがらない。だからこそ，顧客との信頼関係を築いている営業の存在に価値がある。信頼関係をベースに，上手く質問して顧客からの本音を引き出していこう（1-6「質問力を鍛える」参照）。

複雑な問題であればあるほど，顧客自身も問題自体とその原因についての整理ができていないことがほとんどだ。大小さまざまに表出される問題と思われる事象から，"まさにこれを解決したい"と顧客が納得するだけの問題を特定することができれば，第一関門クリアだ。

②　問題の解決方法と費用対効果を提示する

　問題の解決方法は一様ではない。複数の選択肢のうち最も効率的で，かつ現実的な解き方を提示することが求められる。その解法においては，自社の製品・サービスに加え，他社のものを組み合わせるのも一手だ。顧客は，製品を求めているのではなく，問題解決を求めているのだから。

　解決方法と同時に，そのために必要な投資額を提示することになるわけだが，顧客の問題をつぶさに把握できていれば，投資対効果を試算できるはずだ。

　問題が解決されることにより得られるベネフィットを金額換算する。その金額が投資に見合えば，受注をほぼ手中に収めたと言っていいだろう。

③　役割と責任分界点を明確にして契約を交わす

　受注がほぼ見えてくると，営業は月内に数字が欲しいから無理をしがちだ。だからといって，安易に不利な契約条件を飲んだり，あいまいな契約を交わしたりすることは大変危険である。ここで無理をすると，必ずと言っていいほど後にツケが回ってくる。お互いの役割と責任分界点を明確にし，ちゃんとした契約を締結することにしよう。

　特にソリューションビジネスの場合，一般的に範囲が広く導入のための期間が長い。先のリスクを見越して，互いの納得のいく契約条件をもって合意することが大切だ。営業はその交渉の矢面に立つわけだが，その交渉力こそが存在価値だ。

④　体制を固めて実行に移す

　顧客は，問題解決できるだけの専門性や技術力，そして実行力を求めている。契約がまとまると，次は顧客の期待に応えられるだけの人員を揃えることになる。営業は社内と外部の協力会社を奔走する。人集めも営業の重要な仕事である。

　体制が固まって実行段階に入ると，いったん営業の手を離れることになるが，気を抜くことはできない。QCD（＝Quality品質，Cost費用，Delivery納

期）がしっかり担保されているかどうか，定期的な報告を通じて顧客との信頼関係をさらに深めることを意識するのがよいだろう。

⑤　効果を検証して次につなげる

　新しい仕組みが出来上がり，納入・検収・請求といった段階になると，営業にとってはいったん肩の荷が下りることになる。しかし，顧客にとっては，ここからが始まりである。新しく導入した仕組みを使いこなしてこそ，当初想定したメリットを享受できるわけだから，顧客と一緒になって効果を検証する姿勢が大事だ。そのフォロー次第で次への受注につながる可能性が広がってくる。決して売りっぱなしにならないよう気をつけたいところだ。

見合う対価を請求するのがソリューション

　紹介したソリューションのプロセスは，なんとも手間のかかることである。顧客に寄り添い問題解決するということは，そういうことだと割り切ったほうがいい。それ自体が付加価値であり，だからこそ高い報酬を請求できる。

　残念なことに，自社の製品を売るためだけにソリューションと銘打っている企業はたくさんある。本来，製品としての対価とソリューションとしてのサービス対価は別だ。ソリューションは高度な付加価値である。価値自体を具現化することも必要だし，その価値を知らしめるだけのプレゼンテーション力も必要だ。

　社会も経済も複雑化し，技術の加速度的な進化がそれに加わるから，これからの時代はますますソリューション営業力が求められてくるはずだ。顧客が抱える問題に向き合い，それに対して正面から応えていくことによって，ソリューション営業力は自ずとスキルとして身についていくだろう。

3-7　営業予算を合理的に設定する

　毎年の恒例行事である営業予算を設定することは，組織を担うリーダーたちにとってストレスの溜まる仕事だ。引き受けた予算の達成度が，自身と部下である社員たちの評価と報酬に大きく影響するから，必死にならざるを得ない。

　3月決算の企業では，早いところで8月頃，遅いところでも年末頃から，次年度予算のための攻防戦が始まる。攻防の第一戦は，経営側を代表した企画部門と営業部門の責任者との戦いだ。第二戦は，営業責任者と，その部下である部長や課長たちとの攻防。さらに第三戦は，部課長とその配下にある営業社員たちとの攻防へと続く。

　営業予算や営業目標の決め方は一様でない。経営幹部や管理職の胸先三寸で決まることもよくある。

　・トップダウンで有無を言わさず下りてくる予算
　・根拠なく前年比何％という数値で下りてくる予算
　・根回しや社内折衝力がものを言って決まる予算
　・上のせいにして言い訳しながら部下を納得させる予算

　会社の規模が大きくなればなるほど，よく見かける光景だ。

　終身雇用と年功序列が保証されている時代は，納得しない予算を引き受けても，「少しの間のがまん」と自分に言い聞かせてやっていけただろう。しかし今や，そんなやり方を続けていると，優秀な社員から順に辞めてしまう時代だ。

　営業という職種柄，すべてを合理的に決めることは難しいが，ある程度の合理性は必要だ。

　営業予算の合理的な設定アプローチについて，3点を紹介していこう。

スキルの視点で営業予算を設定する

　営業は，経験を積み重ねることによって，一定のレベルまでスキルが上がる。スキルが上がれば行動の質が高まり，結果につながる量が増えてくる。つまり生産性が上がってくるわけだ。

　スキル視点での営業予算の設定とは，営業のスキルレベルを踏まえた一人当たりの売上や粗利を決め，それを積み上げた形で営業予算を設定する手法だ。これによって，伸び盛りの若手から中堅社員まで，合理的な予算設定が可能となる。

　気をつけるべき点は，経験豊富な年配社員の扱いだ。一定レベルの営業スキルまで到達したのちは，生産性を上げることが難しくなる。逆に，年齢を重ねるにつれて，体力が落ち生産性が下がっていく傾向になる。人によっては，今までとは違ったやり方や工夫を求めるか，もしくはポジションや役割の変更を行う必要が出てくるだろう。

マーケティングの視点から営業予算を設定する

　営業の主戦場には，常に市場がありシェア争いがある。営業は，その陣地の獲得合戦と見なすことができる。マーケティング視点での営業予算の設定とは，市場の獲得シェアを第一目標として設定し，そこから営業予算をブレイクダウンする手法だ。これは以下の4つのステップで試算していく。

　①現状把握：市場と自社の状況を見える化
　②将来予測：市場の伸び率を計算
　③目標設定：市場におけるシェア目標を設定
　④予算化：シェア目標達成のための予算をブレイクダウン

　マーケティング視点での予算設定は，市場という上位概念から論理的に予算に展開する手法なので，社員の納得感は得られやすい。個々の顧客の事情にとらわれることなく，チーム一丸で達成に向けて行動を促す動機づけが可能となる。

　気をつけるべきことは，市場は常に外部環境の影響を受けやすいため，当初の目標設定時とは状況が変わる可能性がある。結果評価の際は，その変動要因も加味して行うことが大切になってくる。

リーダー育成の視点で営業予算を設定する

　予算設定の責任は，組織の責任者にあるという概念を取り払い，その権限を移譲して次世代のリーダー候補たちに任せる方法が，3つ目のやり方だ。仕事が出来る中堅社員ほど，会社に対する問題意識が高く，過去から続く慣習やルールに不満を持っていることが多い。彼らに対し，予算に対する"やらされ感"を払拭し，自分事化させるものだ。複数の部署から一人ずつ選出し，相互の部署間調整，そして経営との合意も含め，一切任せることが大切だ。最終的に決まった予算は，リーダー候補たちが納得して設定した以上，責任感が全く違ってくるようになる。

営業予算の3つの設定方法

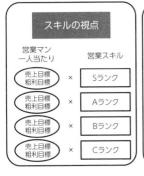

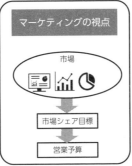

　ここで気をつけるべきことは，ただ任せるのではなく，任せられた側には説明責任が生じることである。予算とは何か，なぜこれだけの予算が必要なのか，といった基本的な説明に加え，人件費の考え方や社内経費の構造，そして会計上の配賦ルールを含め，コストに対する考え方のインプットも必要だ。次世代リーダーたちが予算やコストの意味をきちんと理解できるようになれば，リーダー育成プログラムの一環としての意味も出てくる。

　以上，営業予算の合理的な設定方法について３点紹介した。

　営業活動は人間対人間の行為だから，合理性だけで成立するものでない。

　それはもちろん承知のうえだ。しかし，営業が上から下りてきた数字を単にこなすだけの仕事になってしまうようなら，もったいない話だ。予算設定というストレスのかかる業務に，少しだけエッセンスを加えるだけでも，みんなの意識と行動が変わってくるはずだ。

3-8 イノベーションによって市場は創造される

　ここからは市場編の最後のテーマ，イノベーションについて語っていこう。

　イノベーションを生み出す企業と言えば，GAFA[s]やテスラ社が筆頭に上がる。最近では，ChatGPTを世に送り出したオープンAI社もそれに加わってくる。いずれも米国発の企業である。それらの企業は世界を席巻し，米国経済の成長を牽引している。

　一方，日本経済は低迷を続けたままだ。日本の企業はどうなってしまったのだろうか？　もはや，日本の企業ではイノベーションは生み出されないのだろうか？

過去の価値観と常識を覆すのがイノベーション

　産業革命から現代までの歴史をたどると，どんな産業でもイノベーションによって新しい市場が創出されてきている。新しい市場の成長にともない，既存の産業は侵食され，そして規模が縮小していくという歴史を繰り返す。

　身近な例として，電話を取り上げてみよう。40年前には，私たちの通信手段は固定電話と公衆電話だけであった。30年前になって携帯電話が登場。技術の進歩とともに小型化と低価格化が進んで，20年前には90％以上の人たちが携帯電話（ガラケー）を持つようになる。iPhoneが登場したのは16年前，2007年のことだ。その後，ガラケーは徐々にスマホに置き換わっていき，7年前の2016年には市場シェアにおいてスマホはガラケーを逆転した。

　携帯電話の変遷は，イノベーションを理解するのに分かりやすい。新しい技術や機能を搭載した製品が次々と登場して，消費者に受け入れられていく。新しい市場が既存の市場を凌駕し，置き換わっていく。これこそがイノベーションである。今や，スマホにはキャッシュレスの決済機能が搭載され，業界の垣根を越えて金融市場にも侵食している。

　それでは，改めてイノベーションとは何かということについて整理していくことにしよう。

　イノベーションは，経済学者であるシュンペーターが5つに分類して提唱[t]したのが始まりだ。1912年の出来事である。今でも引用している文献は数多くあり，教科書的には正しい。しかし，現代の経済に当てはめると，少し古い印象は否めない。また，戦後の日本では，イノベーションを技術革新と訳しているが，これでは狭義の解釈に留まってしまう。

　現在世の中で使われているイノベーションという言葉は，概念的であり，かつ広義に捉えられている。GoogleやAmazonのように世界を凌駕するビジネスモデルの成功のことを指すこともあれば，革新的な先進技術そのものを指すこともある。また，通常の企業活動である新規事業や新商品を生み出す活動のことをイノベーションと言っている経営者もいる。

　ここで改めて，現代に受け入れられる言葉となるように，筆者なりの言葉でイノベーションを定義してみた。

　イノベーションとは，社会に対し過去の価値観や常識を変える革新的な製品・サービス・技術・ビジネスモデルであり，結果として企業価値やブランド価値が向上し，市場構造が大きく変わることである。

　大事なことは2点。過去の価値観や常識が覆されること，そして新たな市場が創出され飛躍的に伸びる，もしくは既存市場の構造が激変することである。この2つの要素が満たされることで，初めて世間からイノベーションと認められると考えている。

イノベーションの前提となる日米の環境の差

　GAFAやテスラのようなイノベーティブな企業が次々と台頭してくる米国と比べて，日本では経済環境的にも商慣習的にも難しいものがある。まず日

本と米国では，市場規模と消費人口に圧倒的な差がある。投資に必要となる
資本力も同様だ。加えて，日本では当局の規制という大きな壁が待ち受けて
いる。日本語という言語の壁も，スピードを弱める要因だ。またメンタル面
においては，リスクを過剰に捉える考え方，そして失敗に対する寛容度の狭
さが，事を進めるうえで足枷になってくる。

　日本でイノベーションが生まれないと結論づけて，その原因を洗い出そう
と思えば簡単だ。上記にあるように，いくらでもその原因を挙げられる。

　では，本当に日本ではイノベーションは生まれていないのか，考えてみよ
う。ここは視点を変えることが必要だ。

　マクロに捉えれば，日米の差も述べたとおりである。互いの制度や民族性
の違いがあるのは当然であろう。しかし，よくよく考えてみると，イノベー
ションが生み出されてくるのは，マクロからではなくミクロの箇所からだ。
個々のイノベーションを見ていくと，いずれも企業や小集団，もしくは天才
的な技術者やリーダーによって創出されている。その観点で，日本の市場を
つぶさに観察していくと，イノベーションと見なせる事例は豊富に出てくる。

　筆者が定義したイノベーションの2つの条件，
　・過去の価値観や常識が覆されること
　・新たな市場が創出され飛躍的に伸びること，もしくは既存市場の構造が
　　激変すること
これらを満たす，世によく知られた事例を次の節で紹介していこう。

3-9 日本初のイノベーションを掘り起こす

　歴史を振り返って調べていくと，思いのほか日本のイノベーションの事例は豊富にある。それらの事例は，民間が主導するものと国家が主導するものとに分かれる。さらに民間主導のイノベーションでは，製品そのもののイノベーションと，売り方や見せ方に創造性をもたせたマーケティングイノベーションがある。

■民間主導のイノベーション
　・プロダクト（製品）イノベーション
　・マーケティングイノベーション

■国家主導のイノベーション

　3つのイノベーションそれぞれの事例を，誰もが知っている内容に絞り込んで紹介していくことにしよう。

革新的な製品を世に送り出すプロダクトイノベーション

　これまでの常識を覆すだけの革新的な製品を世に送り出し，市場の構造を大きく変えることがプロダクトイノベーションである。元来，日本が得意とするモノづくりがベースにあるので，私たちにとって馴染みの深い存在だ。

■ユニクロ[1]
　ユニクロが世に知られるようになったのは，フリースのヒットがきっかけだ。それに続くメガヒットとなったのがヒートテックである。ヒートテックは，繊維メーカー最大手の東レとの共同開発商品で，究極の保温と着心地を求めて原糸の開発から始め，100種類のプロトタイプと10,000着以上の試作

を重ねて完成した。この成功をテコにして，ユニクロは世界進出を加速させていった。

■ソニー：画像センサー[v]

スマホなどに搭載されるカメラの基幹部品である画像センサー（CMOS）市場で，圧倒的なトップシェアにあるのがソニーである。前世代のセンサー（CCD）市場でもトップを走っていたソニーだが，将来CMOSに切り替わることを予測し，リスクを負って技術も構造も全く違う新製品の開発へ大きく舵を切った。当時ソニーは，CMOS市場では後発だったものの，裏面照射という他社にはない要素技術を開発し，高品質の製品を作り上げて市場を勝ち取っていった。

■任天堂

ファミコン・DS・Wii・SWITCH。現代の大人たちは，いずれかのゲーム機に幼少時代の思い出があるだろう。任天堂は，常に生みの苦しみを経て，これらのイノベーティブなゲーム機を世に送り出してきた。決して過去の成功にとらわれることなく，別次元のコンセプトを持つゲーム機をリリースしている。

ハードに加え「スーパーマリオブラザーズ」や「あつまれ　どうぶつの森」など，大ヒットをもたらすソフトの企画開発力も任天堂の大きな強みである。

■養殖漁業

価格は安いが，味や食感は天然物に劣る。これが過去の養殖魚の常識だった。しかし，今や天然物に勝るとも劣らない品質の養殖物が市場に出回っている。元来，日本で人気のある鯛・ブリ・マグロ・鰻などの魚介類は，漁の出来不出来が価格を左右する市場だった。その課題に対し，養殖技術を進化させることにより品質を担保し，さらに年間を通じて安定的に供給すること

を可能とした。これは，地道に研究開発を重ねて積み上げてきた産官学連携の共同開発の大きな成功事例の1つと言える。

売り方に創意を凝らすマーケティングイノベーション

商品そのものの本質は変わらないものの，値付けと売り方，そして伝え方と見せ方を新たに創造することで，飛躍的に市場を勝ち取るのがマーケティングイノベーションだ。以下の事例は，4P[w]として体現されるマーケティングの創意によるものだ。

■百均ショップ（ダイソー）

通常，商品の値付けは，かかったコストに利益を上乗せして決めていく。これと全く逆の発想によってビジネスモデルを確立したのがダイソーだ。すべての商品を百円で提供する，この徹底したコンセプトで商品開発と売り場づくりを行っている。商品そのものの価値は，安かろう悪かろうではなく，耐久性・利便性ともに一定のクオリティを担保しているから，消費者からの高い評価を得ている。今や，世界各国に進出しているグローバル企業である。

■日本酒（獺祭）[x]

獺祭で有名な旭酒造は，1980年代は焼酎ブームに押され倒産の危機にあった。その危機を脱するために大きく舵を切ったのが，純米大吟醸への特化だ。コンセプトは「酔うため，売るための酒ではなく，味わう酒を求めて」である。これまでの酒造りの常識を捨て，醸造プロセスのコンピュータ制御，酒米の収穫管理システム，品質のデータ管理といったITの活用も大きな特徴である。

■ラーメン

インバウンドの旅行客が，日本のラーメン店で食事している姿をよく見かけるようになった。ジャパニーズラーメンは，世界各地で人気のブランドである。海外で著名な大手チェーンは「一風堂」「味千ラーメン」の2社だ。一風堂は，ニューヨーク・シンガポールを始めとした世界の大都市への出店を重ね，277店を出している。味千ラーメンは，本場中国と東南アジアが主戦場で海外店舗は694店，これは吉野家を超えてチェーン系では最大の海外出店数だ。どちらも成功の秘訣は，スープと麺の品質は徹底的に国内と同じにしながら，店舗内での食べ方やメニュー構成は，現地の食文化に合わせてカスタマイズしていることだ。ラーメンビジネスは，投資回収率が高く，一店舗でも収益化が可能である。海外では，成功を収めたラーメン起業家たちがひしめいている。

■アニメ

戦後，日本に登場したアニメは少年少女向けであった。それが現在では，老若男女問わず，世界各国でアニメ文化が定着してきている。その市場を牽引しているのが日本である。

アニメビジネスには2つの特徴がある。1つはビジネスの裾野が広いこと。雑誌から始まり映画，TV番組，キャラクター商品，音楽，展覧会，演劇などさまざまなビジネスに展開できる。もう1つの特徴は，陳腐化しにくいこと。30年前に連載されたスラムダンクが，2022年に映画化されて，日本だけではなく海外でも大ヒットしている。キラーコンテンツは，色褪せずに生き続け，ビジネスにつなげていけることが見て取れる。

国の威信を賭ける国家主導イノベーション

次に，国家が主導したイノベーションの例を挙げてみよう。国家がイノ

ベーションを主導する場合，予算規模が莫大であり適用範囲が広大になる。

　まずは，世界中にインパクトを与えた海外の事例を見ていこう。イノベーションの代表格である。

■アポロ計画

　「10年以内に人間を月に着陸させ，安全に地球に帰還させる」当時の大統領ケネディが，1961年に宣言した言葉だ。

　アメリカ合衆国の総力を挙げて実現した裏側には，数多くの革新的技術が盛り込まれている。アポロ計画以前は，宇宙船の航路などの物理計算はすべて手作業によるものであった。膨大な人手と時間をかけていた計算業務に，NASAはアポロ計画で初めてコンピュータ技術を適用した。そのときに設計されたアーキテクチャ（CPU/メモリ/キャッシュ/ストレージで構成される基本構造）は，現代のコンピュータ基盤構造そのものとなっている。

■ロンドン金融街

　1970年代のイギリスは経済低迷に苦しんでいた。そこに登場したのがサッチャー首相だ。彼女はさまざまな改革を施したが，ビッグバンと呼ばれる金融自由化の政策は，ロンドンを世界第二位の金融都市に押し上げた。ブレグジット（イギリスのEU離脱）の影響が危惧されたが，その強さは今でも変わっていない。現在でも，ニューヨークウォール街に次ぐ，世界第二位の金融都市の地位にある。

■シンガポール国家

　1965年の建国以来，シンガポールはアジアにおける貿易・交通・金融のハブとして目覚ましい発展を遂げ，現在も進化している都市だ。淡路島ほどの小さな国家は，水が乏しく農業生産は難しい。地下資源にも乏しい。そこで初代首相リー・クアンユーは，世界中の資本と優秀な人材を呼び込むことにした。税の優遇と参入規制の撤廃を行い，並行して，働きやすい環境と住み

やすい環境を作るために汚職の排除と街の美化に徹底的にこだわった。結果，一人当たりのGDPは常に世界の十指に入る先進国へと成長を遂げた。現在は，国を挙げてデジタル技術活用を推進。デジタル競争力ランキングでは，常に世界上位5か国の中に入る存在となっている。

　次に，日本国家が主導したイノベーションの事例を挙げてみよう。前述の海外事例と比べ規模は小さくなるが，私たちに馴染み深い成功事例がある。

■道の駅

　日本国中どこに行っても同じような風景があり，同じものが手に入る。コンビニエンスストアやショッピングモール，チェーン系のレストランなどはその代表格だ。そして，それと正反対のコンセプトとなるのが道の駅だ。現地でしか手に入らないものが一堂に集まり，日々訪れる人たちで賑わっている。

　道の駅は，現在1,200を数え，年間延べ2億人が利用するようになった[v]。

　そのアイデアは，もともと民間から出てきたものだ。「道路にも鉄道の駅のようにトイレがある駅があってもよいのではないか」「そこで地元産の野菜や干物も販売したらどうか」「車で通過していく人々と地域の接点を作れないか」。これらのアイデアを国土交通省が後押しして，道の駅は具現化されていった。

　道の駅は，人を呼び，金を循環させ，雇用を創出する。現在では，地域創生のための大きな武器となっている。

　最後に，イノベーションの失敗事例を1つ挙げてみることにしよう。

■国産航空機開発

　国産ジェット旅客機の開発は，空の仕事をする技術者たちの積年の夢だった。経済産業省の強力な支援の下，2002年三菱重工業がその開発に着手した。当初の開発費の見積もりは500億円，その半分を国が補助するという構想だ。

航空機の開発自体はイノベーションではない。100席未満の旅客機という
ニッチな市場に参入し，圧倒的なシェアを勝ち取るのが目標であった。その
ために燃費効率・軽量性・安定性・操縦性・耐騒音など，航空機の品質基準
において他社を凌ぐだけの最先端技術を搭載した。

　ところが結果は，度重なる設計変更，6回にわたる納期延期を経たのち，
2020年に開発の凍結が発表された。当初の見積もりを遥かに超える1兆円も
の開発費を投じた挙句の結末だ。試験機の飛行まではたどり着いたのだが，
米国の型式認定というハードルを最後まで越えられなかったのだ。そこにコ
ロナ禍による需要減がとどめの一撃となった。なぜそのハードルを越えるこ
とができなかったのか，その真因を追求されることもなく，コロナ禍の混乱
の中で夢のプロジェクトは封印されてしまった。

　最後は残念な事例を紹介してしまったわけだが，イノベーションはチャレ
ンジそのものであり，失敗はつきものと考えれば，"さもありなん"と捉え
てよいだろう。大事なことは，失敗を次への糧にできるかどうかだと思う。
　（そういう意味では，最後の事例は真因を追求せず封印してしまったわけ
で，それが問題である，と私は考えている。）

　紹介したイノベーション，いずれも（ここでは要約してしまっているが）
一冊の書籍になる程のさまざまな人間模様と，熱きストーリーが繰り広げら
れている。失敗の連続がありながらも，周囲のネガティブな意見を押し切り，
不屈の精神で誰もが到達しえなかった頂（いただき）に到達しているのだか
ら。それらに想いをはせるだけでもワクワクしてくるものがある。
　イノベーションには，私たちの心を躍らせる素敵な魅力が備わっている。

3-10　イノベーションが生まれるときの条件

　前節ではイノベーションの事例を挙げたが，いずれもユニークだ。過去の常識を覆し，新しい時代の常識を創り出している。イノベーションは世に放たれたのち励起した高エネルギー状態となって，社会とそして私たちに大きな影響を与え続ける。

　これらのイノベーションの成り立ちを分析していくと，いくつかの共通した特徴が見いだせる。イノベーションが起きて高いエネルギー状態を保ち続けるための条件は何か。それを解説していくことにしよう。

強烈な個性を持ったリーダーシップ

　イノベーションが生じるのは，常に人間の営みからだ。そこにある共通の要素として，強烈な個性を持ったリーダーが常にいる。

　リスクや不安がつきまとう環境の中で，リーダーは強い意志を持ってイノベーションの卵を孵化させることに全力を注いでいく。その過程では，当然失敗を積み重ねるわけだが，その失敗を糧にして前進するだけの思考の柔軟性と強い精神力を持った人間が，イノベーションのリーダーとなりうる。

　リーダーたちには，独断的なイメージがつきまとうのだが決してそうではない。たかが人間一人ができることは限られているとリーダーたちは肝に銘じている。だからさまざまな人の意見を聞き，良いものは積極的に採用していく。メンバーに任せられることは，どんどん任せる。

　イノベーションを勝ち取るリーダーたちは，1つの哲学を持っている人材と見なせるだろう。

外圧に屈しないブレない方針

　イノベーションの初期段階はアイデア出しだ。その段階では内容があちこちに発散しても問題はない。しかし，いったんアイデアが固まり，実際の開発に着手してからは，そう簡単に方針を変えるわけにはいかなくなる。なぜなら，イノベーションの開発は，通常期間が長くコストも膨大にかかり，かつ体制も大掛かりになるため，走り始めると軌道修正が極めて難しくなるからだ。

　イノベーションが開発段階に入ると，さまざまなところから外圧が掛かるようになる。まず社内の目が厳しい。そう簡単には芽が出ない取り組みなのだが，コストだけは着実に積み上がっていく。売上が立つのはいつなのか，投資したコストはいつ回収できるのか，こうしたチェックが期ごとに入ってくる。イノベーションには失敗はつきものなのだが，それらの失敗に対し合理的な説明が社内で求められる。失敗が重なれば，先行きを不安視する声の大合唱となる。これらの圧力があることを念頭に，しっかりとした方針を定めておくことが肝要だ。

　また，やむなく方針を変更する際にも，相応の覚悟がいる。中途半端な方針変更は，さらに失敗の積み上げにつながることに気をつけたい。何よりもコロコロと方針を変えられては，下のメンバーたちがついていけなくなる。日々のマネジメントでは，朝令暮改という言葉が，機を見て俊敏に動くという意味で誉め言葉となっているが，イノベーションにおいては，朝令暮改は馴染まない。

志を同じくする異質の仲間たち

　リーダーだけが優秀でもイノベーションは生まれてこない。リーダーと同

じ志を持った仲間が必要だ。最初は，当然リーダーとその仲間の志が同じであるわけはない。時間をかけて，お互いの思いや考えをぶつけ合い，知恵を出し合い議論を重ねることで，目指す方向が定まってくるはずだ。

　仲間といっても同じような人ばかりが集まるのは危険だ。同じようなキャリア，同じようなスキルの持ち主だけだと，似たようなアイデアしか出てこなくなるからだ。特に，日本企業の多くは，終身雇用制の中で同質化された人間たちの集団だ。同質の人間たちが集まるだけでは，まずイノベーションは生まれない。積極的に，外部から異質のエキスパートを投入することをお勧めする。

失敗は当たり前と捉える文化

　任天堂やソニーのように，経営の代替わりがあってもイノベーションを生み出し続ける企業文化は，他の企業で働く人たちにとって羨ましいに違いない。なぜ，企業に文化としてイノベーションが根づくことが可能なのだろうか。
　その理由はシンプルだ。社内で「失敗は当たり前」という空気感があるかどうかに尽きる。イノベーションの取り組みでは失敗はつきものだ。失敗の積み重ねが知恵となり，製品やサービスに付加価値をつけていく。
　戦後の日本にウイスキー文化を定着させ，世界のジャパニーズウイスキーと称されるまでのブランド化を成功させたのはサントリーである。そのサントリーで脈々と引き継がれているのは，「やってみなはれ」の精神だ。サントリーの社員の人たちに会うと，共通してこの精神が根づいていることを実感する。物おじせず，積極的にチャレンジすることが社員全員に奨励されているのだ。
　どんな企業でも，大企業病に苛まれるリスクはともなう。時間のかかる意思決定，あいまいな責任の所在，発言しない参加者がいる会議，言われたことしかやらない受け身の姿勢。このような悪弊が目につく企業は，イノベー

ションを語る前に，まずはその体質改善から始めたほうがよいだろう。

ローマは一日にして成らず

　イノベーションの種が世の中に放たれ，花を咲かせるようになるには，かなりの時間を要する。私が挙げた事例では，開花するまでに最低10年，満開に花咲くまでには20年以上を要している。これらの事例から分かることは，世間でイノベーションとして認められるだけになるには，10年スパンで物事を考える必要があるということだろう。

　現代の経営は四半期（＝3か月）単位で結果を求められる。10年という単位はとてつもなく長い期間だ。それだけにイノベーションは，リーダーの勇気と忍耐，そして決断力が試される。3年から5年で退いてしまうサラリーマン経営者の下でイノベーションが生まれにくいのは，そういうところにある。経営者が代替わりしたとしても，継続してリスクを恐れずチャレンジし続けるだけの企業文化を醸成することこそが，結果として世間に認められるだけのイノベーションにつながっていくことになる。

　イノベーションにチャレンジするために就職や転職の活動をするならば，その会社の企業文化やイノベーションへの取り組みの歴史をしっかりスタディして臨むことがよいだろう。

第4章
会社免疫力 編

企業経営の本質を理解しよう

遠い存在だった雲の上の人が、
身近に思えるようになれば、
それだけビジネス免疫力が向上したことになる。

企業経営の
本質を理解しよう

企業の経営者たちは，どんな風景を見ているのだろうか？
会社という組織の，頂点にいる経営者は，
社員から見れば雲の上の存在だ。

会社というものは複雑怪奇な組織体である。
そこに埋もれてしまうと何も見えてこない。

せっかくの縁あって入った会社なわけだから，
1つの歯車や部品のままでいるのはもったいない，

経営者たちが見ている風景はどんなものなのか，
どんなことに直面して，どんなことを考えているのか，
その一端を感じ取っておくのも悪くないだろう。

遠い存在だった雲の上の人が，身近に思えるようになれば
それだけビジネス免疫力が向上したことになる。

4-1 合理と不合理の狭間にこそ，経営の妙味がある

経営の本質は，合理性の追求にある。

しかし，そこに介在するのは不完全な人間だ。不完全である人間同士が複雑に絡み合いながら共同作業を行っていく。したがって，当然のように，理屈どおりには進まない。至る所で，さまざまな問題が生じる。

合理と不合理の狭間の中で，日々，心を砕くことが経営と言える。

会社には合理性を追求するものが満ちあふれている

会社の仕事で，合理的なものの代表格は会計だ。売上と費用，利益の管理，決算から税金の支払いに至るまで，数字尽くしの内容である。これは，日本の秀才が集まる財務官僚たちによって作られた制度だ。網の目のように数字のルールを張りめぐらせ，すべて論理的に説明できる。まさに合理性の塊だ。

従業員にとっての合理性の代表格となると，人事制度であろう。雇用主と従業員との労働契約として位置づけられるものだ。職務規定と就業規則，給与規定，評価制度などがあって，1つひとつがルールとして事細かに定められている。人事制度の中でも最近の流行であるジョブ型雇用は，さらにその内容を厳密に定めようとしており，合理性を追求している。

また，AIなどの先進技術やITに至っては，合理的であることが大前提の代物だ。これらの技術は人ができることを代替するだけでなく，人知を超えた合理的な製造物を作り上げられるようになっている。

企業の経営者たちを顧客とするコンサルティング会社は，戦略論を始めとしたさまざまな経営理論を掲げ，猛烈に啓蒙活動を行っている。それらの内容は，冷酷なまでに理路整然としたものだ。

こうして考えてみると，現代のビジネス社会に合理性を求める荒波が次から次へと押し寄せてきていることが実感できる。その背景には，技術と環境

の目まぐるしい変化が要因にある。ゆったりとした時間軸の中であれば，合理性などといった小難しい理論などかざさなくても，経営陣と現場が膝を交え，じっくりと議論して方針を定めることができた。ところが今は，そんな時間の余裕が許されない。たびたび起きる未曾有の事態に対し，合理的な"物差し"をもって判断していかないと，誰もが道に迷ってしまうのだ。

片や，人は本能的に不合理である

冒頭に述べたように，人は不完全な生き物である。人の意思と感情はいつも不安定だ。健康状態に至っては，自身でコントロールすることさえも困難だ。私たちは機械やコンピュータと違って，よく忘れるし，よく間違える。さらに，平気で隠しごとをしたり嘘をついたりする。

会社は，このような不完全な人間たちで構成されている組織体だ。だから当然のように人間同士の軋轢や対立が起こる。内輪もめや縄張り争いがしょっちゅう起きる。上司からの目標達成の圧力にさらされ，やってはいけない行動を社員がしでかしてしまう。権力的地位にある役職者が，横暴な振る舞いや独断専行をしてしまう。これらの行動は，すべて人間が持つ本能的な不合理性からくるものだ。

世界に目を向けると，あちこちで紛争がある。領土問題に端を発したロシア・ウクライナ戦争は，私たちの常識が全く通用しない不合理なことだ。企業の活動がグローバルになればなるほど，合理性とはかけ離れた政治情勢や民族性，商慣習の違いに悩まされることになる。

さらに深刻な問題は，気候変動とそれにともなう災害だ。経済成長と比例するかのごとく，問題は大きくなっている。私たちは，地球のこうした不合理な活動にこれから長期間にわたり悩まされ続けることになるだろう。

不合理を当たり前と受け止める

　合理性から導かれてくるセオリーは正論である。しかし，その正論どおりにいくことは絶対にない。現実は，常に不合理性がつきまとうからだ。

　会社の経営とは，合理性と不合理性の狭間を行ったり来たりするようなものである。そこに正解はないし，正しい道が敷かれているわけでもない。合理性と不合理性の狭間では，数多くの問題が埋没する。それらの問題を解決していくことで，会社は成長し，私たちは進化する。

　思いどおりにいかなかったり，問題が起きたりすることを嘆くのではなく，問題があることを当たり前と思うことが大切だ。私たちが謙虚な姿勢で問題に向き合い，仲間たちとともに解決への道のりを楽しむことができれば，必ず前進できると考えている。

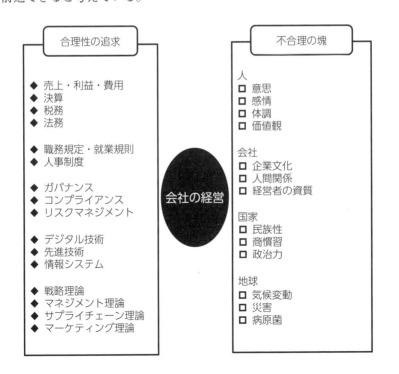

4-2 経営課題には2種類ある

「うちの会社は問題だらけだ」経営者がよく口にする言葉だ。

会社を経営すること，事業を継続することにおいて問題がつきまとうのは常だ。なぜなら，元来人間は不完全であり，その不完全な人たちの集まりであるのが会社であり，その会社が完全を目指そうとするからである。生産性を上げるために，正確性や効率性を追求する。今後の成長のために，未来を予測して手を打とうとする。完全ではない私たちが実行するわけだから，シナリオどおりに上手くいくことはまずない。問題は常に発生する。

経営者が解決すべき問題はさほど多くない

企業で起きる問題はさまざまある。事業の将来を左右するような問題もあれば，社員同士のいざこざのような些細な問題もある。すぐに解決しなければならない問題もあれば，放っておいて時間が経てば解決する問題もある。

経営課題とは，経営陣が主体的に解決すべき問題，と私は定義している。

経営課題を明確にするためには，まず仕分けが必要だ。多くの問題は，現場に責任者がいるわけだから，そこで解決できるはずだ。それらの問題に口を出したり介入したりする経営者だとするなら，それは経営者の資質の問題となる。

経営者がリーダーシップをとって解決しなければならない問題はどれなのか，それを明確にすることこそが経営者の責務と言っても過言ではない。

問題の仕分けを行うと，経営者にとって解決すべき問題は，さほど数は多くないはずだ。さらに来年以降に回せる問題をフィルターにかけると，さらに絞れる。もちろん数は少なくても，1つひとつは非常に重い課題となる。

こうして仕分けの過程を経て，経営者の手元に残る課題は2種類に分かれてくる。

経営課題①：　問題解決型

　ある事業において深刻な問題に直面し，収益に影響を及ぼしているとしよう。それはまさに経営課題だ。収益に直結する事業の浮沈は早期に解決しないと，会社の財務，それから社員の処遇，取引先との信用などさまざまなところに影響が及ぶ。影響が大きければ大きいほど，ダメージは複数部門に及ぶ。

　このような場合，通常は経営陣が参画するプロジェクトチームが結成され，集中的に問題解決に当たる。問題の解き方はいくつかの手法があるが，その王道は問題の根本原因を特定することだ。

　現場で発生している問題はあくまで事象である。経営課題となる事象は，大体，複合的な要因が絡み合って発生している。だからこそ，その問題を引き起こすべく悪さをしている根本の原因を突き止める必要が出てくる。真の原因がつかめれば，解決への道筋は五合目に来たのも同然だ。原因を潰すための施策を講じることで，解決の方向へ舵を切ることができる。

経営課題②：　未来志向型

　経営課題①は，すでに"顕在化"している問題を解決することである。経営課題②としては，もう１種類ある。未来志向型の経営課題だ。要は，表にまだ出ていない潜在している問題を解決することだ。それは，将来起こりうる可能性が高い事象に対し，未然に防ぐために手を打つこと，とも言える。

◆このまま放っておけば市場は縮小し，ゆくゆく事業は頭打ちになる

◆社員が現状に満足している今のままだと，チャレンジしないし成長はない

◆この先競合が台頭してきたとき，立ち向かうだけの準備ができていない

　このような危機感が経営者の頭の中に醸成されてきたときには，第二の経営課題の出番となる。

　経営課題②は潜在的な問題だから，経営者とほんの一部の社員にしか，その危機感は持ちえない。多くの社員は何となく気づいていたとしても，目先の業務に忙殺されていて，それどころではないのが普通だ。したがって，多くの社員を巻き込んで，経営課題②に対処していくためには工夫がいる。

　それは「あるべき姿，目指す姿」を描くことだ。会社の未来を描き，それを見据えてどうありたいかを定める。そうすると現状とのギャップが自覚できてくる。あるべき姿と現状とのギャップの距離感がつかめると，何をやればそのギャップを埋められるか考えることができるようになる。

　それが第二の経営課題の解き方だ。

経営課題への向き合い方で見えてくる経営者の資質

　第一の経営課題，問題解決型はすでに問題が発生しているわけだから，会社にとっては最優先事項となる。その根本原因を見いだし，二度と起こらないようにしなければならない。それは病気に対する治療と同じだ。治療方法には，病気と同じように対処療法と根本治療の2種類がある。対処療法は応急処置でスピードが大事になる。根本治療には時間はかかるが二度と再発しないようにできる。かつ根本治療になると必ず痛みをともなう。第一の経営課題への取り組みは根本治療そのものだ。病気に正面から向き合い，痛みをともなう意思決定をできるかどうか………そこに経営者の資質が問われてくる。

　一方，第二の経営課題である未来志向型は，潜在的なものだ。だから経営課題として扱うこと自体に，経営者の資質が問われてくる。現状では問題は発生せず，困っていないわけだから，放っておくという判断もできるわけだ。ポストに安住し，いい顔ばかりしている経営者だとそうなってしまうだろう。会社の将来を憂い，自身が退任してからもその会社の成長を心から願うだけの資質を持った経営者だけが，第二の経営課題に取り組むことになる。当然，着手の段階では賛同者が少ないから，その経営者には強力なリーダーシップが求められる。

　このように2種類の経営課題に対する取り組み方だけでも，経営者の資質は大体見えてくる。どんな会社で働き，どんなキャリアを積んでいくかということを考えるうえで，経営者の資質ということも良い判断材料になるはずである。

4-3 既存事業と新規事業の違いを理解する

経営では，既存の事業で利益を稼ぐとともに，新規の事業に投資していくことが求められる。なぜなら，既存事業がいつまでも利益を出し続けるわけではないからだ。事業を長期のスパンで見ていくと，事業の種が孵化して売上が立ち始める導入期から始まり，成長期・拡大期を経て，低迷期・再拡大期（または衰退期）へと変遷していく。

既存事業で利益が出ている間に新規事業に投資し，既存事業が低迷してきたときには新規事業が稼ぐ体質に転換できていることが，理想的な経営のスタイルだ。

既存事業と新規事業では，その特性が全く違う。したがって，経営のやり方も変わってくる。既存事業と新規事業にはどんな違いがあるのか，基本的な事項を理解していくことにしよう。

既存事業は短期目線，新規事業は長期目線

既存事業には売上と利益の予算が課せられる。そのサイクルは，週次・月次・四半期・半期・年次のそれぞれで達成状況がトラッキングされる。だから必然的に短期目線となる。既存事業の部門に属する社員は，そのサイクルに合わせて，結果につながる行動が求められてくる。

一方，新規事業では，将来において会社の屋台骨となることが期待されている。したがって，初期段階では赤字は容認だ。月々上がってくる売上は，あくまでも将来の可能性の先行指標にすぎない。目線は長期であり，過去の投資に対し，未来のリターンを求めるモデルだ。新規事業の部門に属する社員にはチャレンジが求められ，産みの苦しみを経験する。既存の枠にとらわれない大胆な行動が不可欠となってくる。

既存事業と新規事業ではリーダーの資質にも違いがある

　既存事業と新規事業とでは，求められるリーダーとしての資質にも違いが出てくる。

　既存事業は，名前のとおりすでに出来上がっているビジネスだ。組織の枠組みを大きく変える必要はなく，機能単位で組織を設計できる。つまり型にはめやすいということだ。先人が積み上げてきた型を経験として積み重ねることで，社員たちは着実に知識とスキルを身につけることができる。階段を一段一段上るように。その先に管理職，リーダーへの道が開かれる。

　片や，新規事業のリーダーは，今まで誰も歩んだことのない道の先頭に立つことが使命となる。未開の地を進むので，これまでの常識や経験則は逆に足枷だ。個々のスキルでは，仲間である部下たちのほうが優れていることが多い。自身の考えをしっかり持ち，謙虚な姿勢で仲間たちの意見を聞き，ともに前進していく姿勢が求められる。

既存事業には確実型の社員，新規事業には自律型の社員

　既存事業を担う部門は，決められた予算に基づき，着々と日々の売上と利益を上げていく。したがって，社員には確実に業務を遂行する能力が求められ，日々の活動が管理される。組織は，階層型のヒエラルキー構造になるのが通常だ。組織としての統制が重視され，失敗や判断ミスが少ないことが出世の要綱となる。

　他方，新規事業に配属される社員は，自らで考えることが求められる。指示待ち型の社員は不要だ。失敗を恐れず，チャレンジしていく姿勢が必須となる。加えて，個々の力に頼るのではなく，チームワークによって力を結集することも新規事業で大切なことだ。

　既存事業を担う部門は日々の食い扶ちを稼がなくてはならないので，投下される社員の数は必然的に多くなり，組織の規模も大きくなる。一方，新規事業部門は人数が限られているうえに，常に赤字の状態だ。当然のことながら，既存事業部門の声が大きくなって，社内で権力を握るようになる。社内のそういった圧力に動じず，強い意志をもって新規事業を牽引していけるかどうか………それこそが上の立場にある経営者の力量にかかってくる。

既存事業と新規事業の違い

	既存事業	新規事業
売上・利益	短期的に貢献することが必須要件	将来への貢献に賭ける
活動の基準	組織の目的・目標に沿うことが必然	枠にとらわれない発想に基づく行動が求められる
リーダーの資質	型にはめやすいので，経験を積むことで一定の能力をつけられる	考え方や感性に加え，事業化のセンスが問われる
失敗・判断ミス	やらかすと，ネガティブに評価されるのが一般的	不確定要素があるため失敗は必然的に発生　失敗から学ぶことを重視
求められる人材	確実に目標を達成できる人材　リスクを回避し，失敗をしない人材　組織の統制を乱さない人材	好奇心があり新しいことが好きな人材　指示待ちではなく，自ら行動できる人材　チームワークで活動できる人材

4-4 企業が成長期にあるときの落とし穴

　第1章1－1では「成長こそが原動力になる」というテーマで，自己や企業が成長を目指す理由について言及した。

　企業は，自らが成長するために新たなチャレンジを重ねる。そして，幾多の失敗を経たのち，新しい事業が立ち上がる。新しい事業は既存事業の衰退を補い，新陳代謝を図っていく。事業の運営は停滞期・低迷期に直面することもあるが，時代と市場に適合した新しい事業が軌道に乗れば，次の成長局面に転じることができる。

　企業が成長期にあるときには，あらゆることがポジティブな状況になる。多くの部門が予算を達成し，人事の評価が総じて良くなる。社員の報酬はそれに応じて上がっていくから，モチベーションも必然的に高くなる。資金繰りの心配もなくなり，社外からの評価も高くなる。経営的には安泰だ。

　だが，上手くいっているときだからこそ気をつけなければならないのは，万人の知るところだ。

驕らず昂らず，天狗にならず

　よく言われる言葉だ。好調なときは誰しも天狗になりがちだ。時の運に恵まれ，かつ多くの人たちの協力があってこそ成功しているはずなのだが，すべて自分の力だけで成功を収めているかのごとく勘違いしてしまう。さらに，金銭目的で近づく人が次々と現れ，美辞麗句を重ねる。調子のよいときは，有頂天になってしまう環境に満ちあふれている。

　人は自らを過信してしまうと，必然的に威圧的で高慢な態度になりがちだ。そして，相手に応じた接し方を使い分けるようになってくる。重要顧客や権力者に対しては腰を低くしてへりくだるが，立場の弱い人たち，部下の社員や仕入先の社員に対しては偉そうな態度に豹変する。さらに，質（たち）が

悪くなると，扶養している家族，妻や子供たちに対しても，上から目線に
なってしまう。

　自戒を込めて，本当に気をつけなければならない。のちにやってくるのは，
うまくいかなくなる苦しい局面だ。苦しい局面に差し当たると，たちまち人
心は離れてしまう。うまくいっているときだからこそ，謙虚な姿勢と冷静な
思考判断が試されていると思ってよいだろう。

次への布石は，好調なときに

　事業が成長を遂げ一定の利益を安定的に上げていくまでには，相応の時間
を要する。既存事業が好調なときこそ，次の新しい事業のための投資タイミ
ングだ。

　事業が調子の良いときは，当然ながら内部留保は増えキャッシュに余裕が
ある。余裕のあるキャッシュの手っ取り早い使い道は，外部の会社を買収す
ることだろう。しかし，買い物するだけでは，会社の地力が強まることはな
い。本来行うべき投資は，人に対してだ。有能なスキルを持つ外部人材を雇
い入れ，かつ既存社員に対して技術取得やスキル向上のための教育投資をし
ていくこと。それこそが，次への布石となる。

将来の人事的なリスクに備える

　物事が上手くいっているときには，プラス要因がマイナス要因の比重を上
回るため，個々に起こる小さな事件や問題などは打ち消されてしまうという
特性がある。それは会社経営も同じだ。

　会社の業績が好調なときは，組織が拡大してポストも増え続けるので，社
員があぶれることはない。人事評価ではあえてマイナス評点をつける必要も

ないし，社員全員を昇給させてあげることも可能となる。社員たちは問題意識や不満があったとしても，給与や賞与が上がり続ける環境下にいるから波風を立てなくなる。つまり，好調時においては，人事的な問題が顕在化しにくいのだ。

しかし，永遠に成長し続ける会社は存在しない。会社の成長が止まったとき，成長がマイナスに転じたときに，経営者たちはみな人事の重要性を認識するようになる。今までのように全員の給与を上げるわけにはいかなくなる。社員にマイナス評価をつけなければならなくなる。あいまいだった評価を厳密にやらなくてはいけなくなる。そういったことに直面して，あわてて人事評価制度を見直すケースが散見される。

好調なときこそ将来に備えたい。前もって公正な人事評価制度を確立しておけば，経営的に苦しい局面になっても，社員たちがモチベーションを保って働きつづける環境が成り立つ。

「驕る平家は久しからず」

先人たちの幾多の失敗の歴史が物語っているように，一時の好調はしょせん浮世の祭り程度と思っていたほうがいいだろう。

良いときこそ，先を見て今何をすべきか考えるいい機会だ。

目前の快楽に興じることなく，常に将来のことを考え，謙虚であり続けること。それが企業の成長期にある経営者に求められる姿勢であるのではないだろうか。

4-5 制度会計と管理会計の勘所

会社の経営で，会計は切っても切れない不可分の存在だ。会社は営利を目的とする組織であるから，売上と利益の計算，そして税金の支払は必須となる。そのため会社は，期ごとの結果をまとめなければならない。その結果に至るまでの計算する機能・処理する機能・コントロールする機能が会計だ。

会計自体は，利益の源泉となる付加価値を直接生み出すものでもないし，売上に直接つながるものでもない。会社にとって不可欠な要素ではあるが，財務や経理部門以外の社員にとっては，最小限の大事なところだけをしっかり押さえておきたいというのが本音であろう。

会計についてどこまで押さえておけばよいのか，その勘所について解説していこう（注：資金調達や資金運用などの財務機能は，会計とは別機能なので，ここでは対象外としている）。

制度会計と管理会計の違いは時間軸にある

会計には，制度会計と管理会計の2種類がある。

制度会計と管理会計，両者の違いを一言でいうと，時間軸の向いている方向が違う。制度会計は "過去" であり，管理会計は "未来" だ。

まず制度会計について説明していこう。制度会計は，過去から直近の期までの会社の業績数字を締めた結果だ。すべては，法律に基づき締めるべき会計項目，計算方法，結果の表示方法が定められている。どの会社も同じ範囲を対象にして，同じ表記方法で結果を表示するルールになっているから，慣れてくれば容易に理解できるようになる。他社との比較をすれば，その数値が良いのか悪いのかも分かる。学期末に渡される通信簿が，日本全国で共通の書式になっているものであると思えばいいだろう。

一方，管理会計には決まったルールはない。それぞれの企業が自由にルー

ルを決められる。業種業態によって当然変わってくるし，市場のスピード感によっても変わってくる。

　管理会計は，経営者が今後の経営方針について正しい判断を行うための数値のまとめだ。市場は常に動いている。現場の社員たちは競合と戦いながら，売上アップにつながる活動を毎日行っている。それらの活動に基づく数値を，定期的にとりまとめたのが管理会計である。

　管理会計の根底にある考え方は，以下のとおりだ。

　売上と利益は，最終的な結果であり，蓋を開けて初めて分かるものである。今月の売上額が，あらかじめ設定した予算に届くかどうか，蓋を開けてみないと分からないでは困る。したがって，将来の売上や利益につながる活動の結果を，先行指標としてタイムリーにトラッキングしていく仕組み，それが管理会計である。先行指標の状況から売上が予算に達しそうにないと分かれば，販促を強化するなり商談スピードを早めるなりのアクションを取ることができる。つまり，未来を見据え，今とるべき戦略や戦術の意思決定を行うための機能が管理会計と言える。

　制度会計と管理会計のもう1つの違いは，何を重視するかという点にある。

　制度会計は，間違いや漏れがあると厳しく指摘される。精度を重視するのだ。片や管理会計はスピードを重視する。判断をともなうものだから，遅くなると困るのだ。管理会計では，精度は誤差の範囲であれば問わないのが普通である。

制度会計の勘所はルールの理解に尽きる

　制度会計のルールは，日本の秀才クラスが集まる財務官僚たちによって，網の目を張りめぐらせたような抜け目のない法律で固められている。ここに経営者の意図が反映される余地は微塵もない。制度に則り粛々と，定められた帳簿に数字を反映していくだけだ。もちろん節税対策のための投資や費用

計上など，経営者がコントロールできる術（すべ）は大小いろいろとあるわけだが，それは会計士や税理士の範疇なのでここでは触れないでおこう。

　制度会計として，最低限分かっておくべきことは2点だ。

　1つ目は会計ルールを理解すること。売上はどういう条件が揃えば計上できるのか，入金までのプロセスはどうなっているのか，経費計上と資産計上の違いはどこにあるか，国税が厳しくチェックする経費項目は何か，等々。業務が円滑に進むための基本的なことは，社員全員が理解しておくべきことだろう。

　2つ目はチェック機能。会計は，四則演算を使うだけなので計算自体は難しくない。ところがいくつもの足し算と掛け算を積み上げていくから，1つ間違ってしまうと，それ以降の計算数値がすべて間違ったものとなる。不完全な人間の活動を，不完全な人間が介在して数値化していくわけだから，どこかに間違いがあっても不思議ではない。さらに厄介なことには，社内のさまざまな軋轢やプレッシャーから起因する意図的な数字の操作が入ってくる。

　だから，会社では会計のチェック機能は必須だ。会計伝票をチェックされるのはうざったいものではあるが，仕方ないものとして受け止めよう。でないと国税にばれた際に重税が課せられることになる。

管理会計の勘所

　まず大前提として，管理会計の仕組みがなくても会社の経営は成り立つ。管理会計のルールは，会社が独自に作らなければならないのでそれなりに大変だ。会社によっては，制度会計の結果の数字を組み替えて，管理会計もどきのやり方をしているところも多い。

　大事なことは，管理会計の仕組みがなぜ必要なのか，それを明らかにすることだ。管理会計の究極の目的は，意思決定をタイムリーに行うことにある。市場競争の渦中にある業界や，技術や顧客への変化対応力が求められる業界

では，管理会計がすこぶる活きてくる。

・今期打ち出した戦略が，きちんと実践に結びついているのか？
・3か月後の売上と利益につながる動きはどこまでできているのか？
・重要な投資案件は，結果につながる階段を上っているのか？
・顧客の購買動向の変化は，自社の活動のどこに影響が及ぼされているのか？

　上記のようなことは，常日頃からの経営者の関心事である。その状況が数値として定期的に示されてくれば，安心して経営ができるようになる。それが管理会計の本筋だ。

　管理会計で提示される数値は，業種業態によって変わる。引き合い件数・案件数・コンバージョンレート（CVR）・サンプル請求数・新規顧客数・リピート率・顧客単価・受注残高・在庫回転率・仕掛品残高，等々。自社の戦略に結びつく先行指標を定め，トラッキングしていく仕組みを作ることが肝要だ。

　制度会計の仕組みは，会社を経営する以上やらざるを得ない措置だ。一方，管理会計の仕組みは経営者の意思次第である。変化の激しい世の中だからこそ，管理会計の仕組みの構築の重要性が増してきている。

制度会計と管理会計の違い

制度会計
精度重視
現在
過去を振り返り，その結果を検証する

管理会計
スピード重視
将来を見て，今何をすべきか判断する

4-6 会社と法律，その向き合い方

　会社には法務という機能がある。大企業であれば専任の社員が数人いるし，中小企業であれば外部の弁護士と顧問契約することで，その機能を成り立たせている。法務で働く人たちの数は少ないが，会社にとっては欠かせない機能だ。

　ここでは，会社の法務について理解を深めていくことにしよう。

法律について，大前提として認識しておきたいこと

　日本は，民主主義国家であり法治国家だ。国民主権としての自由が保障されている一方，社会の秩序と安定を維持し，国民全体が安心して暮らしていく最低限のルールが必要であり，それが法律として定められている。普段生活していると当たり前のことのように感じるが，1%にも満たない法律を破る人たちを取り締まる機能が整備されているからこそ，私たちは安心して暮らすことができている。

　会社も同様で，日本国内で自由に営利を求める活動ができることと引き換えに，法律を遵守することが求められる。これはスポーツ競技と同様であり，決められたルールの中で競争しているということだ。そして，会社はその規模が大きくなればなるほど社会的責任を負うようになる。社会と経済に対する影響力が大きくなるからだ。価値ある商品・サービスを提供すると社会から注目されるし，好業績を出せば世の中から賞賛される。一方，定められた法律を守らないとマスコミや世論に叩かれ，社会的な制裁を受ける形になる。

　会社を経営するということは，単なる利潤の追求だけではない。公正な取引と競争環境の維持，労働者の権利の保護，そして正しい納税が義務であることを認識しておくことが大事だろう。

企業を取り巻く法整備は，まだまだ途上段階にある

　法律は多岐にわたり，毎年のように改正・変更・新設がなされている。次々と変わる法律に辟易としている経営者も多い。だが，これはまだ途上段階にあることを認識しておこう。

　歴史を振り返ってみよう。現在の法律体系は，日本国憲法を始めとして戦後に制定されたものがベースだ。戦後から高度成長期，そしてバブル経済期に至る時代まで，実は多くのことが原則論だけの規定や，画一的なルールで運用することができていたと言える。企業が同じような生産活動をし，国民が同じような消費活動をし続けていたからだ。そうしていれば国家経済は成長し，国民が豊かになっていった時期だった。企業も国民も同じような価値観を持ち，同じような活動をしていたわけだから，その活動を規定するルール，つまり法律の数も少なくて済んだのだ。同じような活動をしている中では，枠に外れる行動は目立つ。たとえ法律で制御していなくても，同一性・均一性を好む日本人の間では，自然と抑制が効いたとも言える時代だ。

　加えてその時代は民主化の途上段階だったので，数の論理が優先された。つまり，多数の人たちにとって問題のある事項が優先され，少数意見やマイノリティの人たちにとっての問題の優先順位は相対的に低かった。今日のSNSのように，一人の消費者が発信できる手段もなかったから，国民の意見が届かず社会課題に至らなかったということもあるだろう。

　昨今，法律が次々と増えているということは，社会の価値観と活動の範囲が多様化し，複雑化していることの現れでもある。

会社の法律はステークホルダーとの関係維持のためにある

　法律の目的は，価値観や行動様式の違いがある二者の間で，共通のルール

を定めることにより，二者間の不当な争いや不利益を防ぐことにある。会社にとって関係する相手方（＝ステークホルダー）は，従業員，得意先，競合会社，仕入先，外注先，資金調達先，投資先，株主，行政機関，地域住民など多岐にわたる。ステークホルダーの種類とその絶対数が増えれば増えるほど，利害や意見の相違が発生し，調整や合意が必要だ。会社に関係する法律は，ステークホルダーとの関係において権利や公正性，および透明性を担保するためのルールと捉えてよいだろう。

　以下，会社を経営する際に共通に適用される法律を挙げてみる。

会社設立/運営： 会社法
商取引： 民法・独占禁止法・下請法・特定商取引法・消費者契約法・不正競争防止法
人事労務： 労働基準法・労働安全衛生法・最低賃金法・労働契約法・育児介護休業法
　男女雇用機会均等法
権利保護： 著作権法・特許法・商標法・個人情報保護法
税務： 所得税法・法人税法・消費税法
財務： 金融商品取引法
マーケティング：景品表示法・不正競争防止法
倒産： 破産法・民事再生法・会社更生法

　報道記事などを見ていれば誰もが一度は聞いたことのある法律ばかりだ。これらの法律は，世の中を揺るがす事件が起きるたびに追加や改正が行われている。

法対応は事後対応だけではなく未然の対応が求められる

　ビジネスの世界で働く私たちにとって（法務部門の社員を除けば），各法律内容の細かい解釈のところまで理解する必要はないだろう。大事なことは，どの法律が本質的に重要なのか，そしてどんな言動をとることに気に留めておくべきなのか，その判断基準を持っておくことだ。

　一般的に法対応は，何らかの事が起きてから，つまり事後対応のケースが多くを占める。事後対応をとるにしても，これまでは過去にあった同様の事例を探して，それらに照らし合わせて処置することができた。しかし，昨今，それだけでは済まなくなってきている。企業の事業形態が多様化し，従業員の生活や価値観も多様化してきているからだ。特に，大きな損害賠償や風評被害となる事案が増えてきている。会社経営において未然の対応，すなわちリスクマネジメントに対処する経営能力が求められていると言える。

　また，規制緩和のような法改正があると，ビジネス機会につながる可能性が一気に高まる。これに対しては，機を逃さず事業に結びつける手腕が経営に問われてくる。

　法対応は法務部門や弁護士に任せればよいという考え方は，すでに古くなった。そして，法に触れなければ何をやってもいいという考え方は，即バッシングの標的になる。これからの時代，経営者そして事業を担うリーダーたちには，法の正しい理解と品格ある言動が，ビジネスを推進するうえで求められていると言っていいだろう。

4-7 元請ビジネスと下請ビジネスとの本質的な違い

　「元請」は大企業が担い，「下請」は中小企業や零細企業が請け負う。こんな固定観念を持っている人は多くいるだろう。しかし，昨今では，小さな企業でも要のところさえ分かっていれば，元請として直接顧客から仕事を請け負うことが可能だ。どうすれば元請として仕事が成り立つのか，下請ビジネスとの違いはどこにあるのか，解説していこう。

元請・下請のビジネス環境の変化

　建設業界・広告業界・IT業界，これらは元請・下請ビジネスの典型的な構造で成り立っている業界だ。多くの就業者が従事し，大企業から中小・零細企業・個人事業主に至るまで，その裾野は非常に広い。

　それぞれの業界の頂点にある企業は，名の知れた元請企業ばかりだ。建設では鹿島・大林を筆頭にしたゼネコン，広告では電通・博報堂，ITでは富士通・NEC・NTTデータなど。

　これらの元請企業は，顧客企業から数億から数百億単位の発注を受け，その仕事の一端を下請企業へ，そして下請企業は孫請企業へと発注を流している。この基本的な発注構造は，戦後からずっと変わっていない。

　ところが，昨今，下請・孫請だった会社が，直接顧客企業から発注を受けるケースが増えてきている。これまでは大手企業としか取引しなかった顧客企業が，細かな単位で発注しているのだ。それも名前を聞いたこともない中小企業と。

　この変容の背景には，4つの環境変化があると考えている。

■一つ目の環境変化：敷居が低くなった資金調達

　戦後から高度成長期にかけての時代までは，手形が通常の決済方法だった。

それは顧客企業も元請企業も，手元資金が十分ではなかったからだ。元請から手形を発行される下請企業は，さらに資金繰りが苦しくなるから信用力がない。当時では，下請が元請になれる余裕などあるはずがなかった。

　現代は現金決済が標準だ。そして日銀の金融緩和が長く続いているお陰で，低金利で資金を調達できる。さらに資金調達の手段でも銀行以外の選択肢がある。小さな会社でも容易に資金調達できる環境に大きく変貌した。

■二つ目の環境変化：賢くなった顧客企業

　戦後からバブル期に至るまでは経済成長一辺倒だったから，発注という行為に時間をかけて検討するような時間的余裕がなかった。顧客企業は元請企業に「まとめてお任せ」といった，ある意味粗雑な取引形態で事が済まされていた。ところがバブル崩壊を経てから，日本中にコスト削減の波が襲いかかってきた。顧客はコストの精査を厳しくして，元請に値下げを迫るようになった。元請は利益を出すために，下請にコスト削減圧力をかけるようになった。伝票を右から左へ回すような雑な取引は許されなくなったのだ。

　さらに不景気が続き，大企業で働いていた社員たちがリストラによって労働市場にあふれた。当然，元請企業や下請企業の社員たちもその対象となり，一部の社員は顧客企業に転職していった。彼らはコストの内部事情を知っている。その知識とノウハウが顧客企業に蓄積されていく構図が広がった。

　こうして，顧客企業は発注という行為に対して賢くなっていった。「元請に一括お任せ」から「それぞれの専門業者に分割発注」という形態に移行できるだけの賢さを持つようになったのだ。

■三つ目の環境変化：知識のオープン化

　インターネットが台頭するまで，ビジネスの秘伝やノウハウといったものが公開されるようなことは，ほぼなかったと言っていい。一部の書籍にそれらしきことが書かれていたくらいだ。個々の業界や業態におけるビジネスノウハウは，一子相伝のような限られた経験者たちだけの聖域のような存在

だった。

　現代ではその状況が一変している。インターネットはノウハウと知識の宝庫だ。業界事情・競合情報・市場価格・発注ノウハウ・提案書や見積のフォーマット・受発注ビジネスツール等々，欲しい情報は簡単に取得できる。下請が元請に変貌するために必要となる情報が容易に取得できるようになったわけだ。

■四つ目の環境変化：法整備とコンプライアンス強化

　冒頭で述べたように，元請ビジネスは巨額の金が動く。だからさまざまな利権がつきまとう。接待・贈答・キックバック・リベート・水増し請求・買い叩き等々。受注競争と称して，法に触れないギリギリのところで激しい戦いが繰り広げられていた。今でも，それらの行為はなくなったわけではないが，随分と減ってきたのも事実だ。独占禁止法や下請法の適用をはじめとした法の適用，そして法に触れなくても社会規範や倫理観に基づくコンプライアンスが徹底されるようになってきた。

　公正な判断に基づき取引を行うことを求められるわけだから，必要以上の経費をともなう上記の活動は自重される。余分な経費を使うことが許されない中小企業にとって，ビジネスチャンスが広がる環境になった。

　以上のように，元請・下請のビジネスを取り巻く環境が，以前とは大きく変わってきた。しかし，環境が変化したからといって，下請から元請に簡単に転換できるわけではない。

　そもそも元請と下請，同じ業種でありながらビジネスに対する考え方・取り組み方は大きく違う。両者は本質的なところで何が違うのか，3つの視点として次に解説していくことにしよう。

【視点1】 元請は顧客を見る，下請は元請を見る

　元請にとって最も大事な相手は顧客だ。元請は，顧客の要望を最大限に汲み取り，顧客が満足するだけの成果を上げることが使命である。

　片や，下請にとっても同様に顧客が最重要かというと，必ずしもそうではない。下請の契約先は元請である。元請から委託された業務を遂行することが責任だ。下請けにとっては，元請の意向や契約条件が最重要となる。

　「元請は顧客を見て，下請は元請を見る」この視点の違いにより，意識・考え方・仕事への取り組み方に大きな差が出てくるようになる。顧客はQCD，つまり品質・コスト・納期のいずれも重要視する。元請はその期待に応えようとするが，すべてを上手くいかせることはそうそう簡単ではない。しばしば，ひずみが出て，それを修正するために無理せざるを得なくなる。元請が下請に対し，納期管理を厳しくしたりコスト削減の圧力をかけたりする。品質が後回しになってしまう傾向があるのはそのためだ。

　また，保有する情報も元請と下請では違いがある。顧客から元請に開示される情報は，下請には一部しか開示されない。下請は全体像をつかむことが難しいから，顧客第一に考えろというのはそもそも無理があるわけだ。むしろ，下請が顧客に対し良かれと思ってやったりすると，元請から余計なことをするなと注意されるのが落ちである。

　元請と下請では，それぞれ役割と責任が違う。自らの役割を認識して，責任範囲を全うすることが使命であると割り切ることが大切になってくる。

【視点2】 元請は市場から，下請はコストから利益を考える

　元請は常に市場競争の渦中にある。大きなビジネスになればなるほど，コンペ形式の受注合戦となる。提示する価格はいつも市場価格が前提である。

市場価格からいかにコストを抑えて最大限の利益を捻出するか，常にその算段に向き合っているのが元請だ。

一方，下請は，元請との長い付き合いによる信用取引がベースだ。値ごろ感もお互い分かっている。付き合いが長くなればなるほど，下請は利益構造を元請に知られているから，儲けすぎると元請から嫌われる。ほどほどに利益を出すことが円滑な取引につながるわけだ。だから，下請は赤字にならない価格設定，つまりコストに利益を加えた金額を提示価格として見積る。

このように元請と下請では，利益に対する考え方が全く違う。下請が元請ビジネスに参入しようとするときに一番間違いやすいのは，価格提示だ。下請のときと同じ考え方で価格設定すると，痛い目に合う可能性があるから気をつけなければならない。

【視点３】 元請と下請では販管費が圧倒的に違う

元請が受注する金額は大きい。その受注金額に比例するようにビジネスリスクは高まる。従事する人員が増え，仕入先・外注先などの取引先の数が増えるから，変動要因のブレ幅が大きくなる。だから元請は，リスクを軽減したり回避したりするためのコントロール機能を装備することが必要となってくる。具体的には，法務・知財・財務・経理・人事・労務といったバックオフィス機能の充実である。また，営業活動でも元請は，顧客への受注行為に

元請と下請の利益に対する考え方の違い

| 元請ビジネス | 提示価格 | － | コスト | ＝ | 利益 |

| 下請ビジネス | 提示価格 | ＝ | コスト | ＋ | 利益 |

加え，納期の調整・外注先とのやり取り・支払・請求管理など，各段に業務量が多くなる。つまり元請は必然的に販管費が上がってしまう構図にあるのだ。

　一方，下請企業のビジネスリスクは，一般的に元請企業に比べ小さくなる。【視点2】で述べたように，利益率も低く抑えざるを得ないから，余分な人員を雇う余裕もない。中小企業の社長が，自ら営業や部門の機能を担って雑務に追われるのはこのせいだ。

　販管費が大きく違うということが，会計上どういうことになるかというと，それは売上高総利益率（＝粗利益率）が違うということになる。元請は販管費という大きな固定費をまかなうだけの利益を出さなければならない。だから原価率を低く抑え，粗利益率を高く設定する。財務構造を見れば，その企業が元請型ビジネスであるか下請型ビジネスであるか，見て取れる。

　会社を起業する際は，通常下請としてスタートすることが多い。そのほうが，ビジネスリスクが低いから当然だ。その後，成功を重ね組織が大きくなっていくと，次のチャレンジが見えてくる。下請を脱皮して，元請になることでさらに成長しようとする目標だ。その際，元請と下請の違いを常に念頭に置くと，より成功の確率が高まることだろう。

元請と下請の費用構造の違い

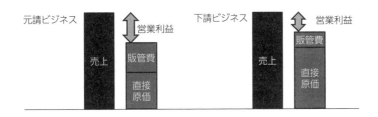

4-8 二極化する大学と，企業の採用活動

　会社から採用活動を手伝うように指示される人は多いだろう。それは一定の力量を認められてきた証拠だ。新卒の採用では，全国の企業が一斉に獲得合戦を始める。人手不足が叫ばれる中，限られた期間で優秀な学生を獲得しなければならない。社員総出の人海戦術だ。

　学生たちにとって就職活動は，人生を決める大事な局面だ。彼らは，企業研究や面接特訓を一生懸命やってきたうえで臨んでくる。対応する私たちにも心構えが必要だ。現状の大学の置かれている状況は理解しておくに越したことはない。そして，学生たちの適性を判断するための物差しを持っておきたいところだ。

職業訓練校としての大学の課題

　少子化が叫ばれているにもかかわらず，直近20年間の大学の数と定員数は，減るどころか増えているのが実態だ²。必然的に大学は生徒の取り合いである。学生の人気を獲得するために大学が何をやっているかというと，就職に有利になりそうな学部学科の設立に躍起となっている。情報○○学科，国際○○学科，総合○○学科など，似たような学科名が理系文系問わず乱立しているのは，それが背景にある。多くの学部学科は，職業訓練校として，仕事で役立つと考えられている知識と技能を習得することに重きを置く。

　仕事で役立つ知識と技能を大学で学ぶことは，それなりに意味がある。多くの企業は社員の採用に際し，実践力・即戦力を重視するからだ。手間とコストのかかる新卒社員が少しでも早く一人前になってくれることは，企業にとってとてもありがたい。

　職業訓練校としての大学の教え方は，基本的に以下の学習スタイルである。

講義： 知識を学ぶ
テーマ設定： 課題を与えられる
調査研究： 情報を集める・検証する
構造化と体系化：論理的に整理する
伝達： レポートを作成する・プレゼンする

この流れをよく見ると，基本的なビジネスの進め方と全く変わらないことが分かる。このプロセスに沿って作業していけば，必然的に成果物は完成する。この手法を習熟してビジネスの世界に参画すると，手際のいい，そつのない仕事ぶりで評価されることになるだろう。

しかし，この学習スタイルには問題が潜んでいる。多くの大学生は上記の学習において，直線的に作業を進めていくのだ。ネット環境とITツールを駆使して効率的に作業し，要領良くレポートを完成していく。問題となるのは，その過程で立ち止まってじっくり考えることをなおざりにしていることにある。ネット環境には，使えそうな情報がごまんとある。それらをコピペして上手く組み合わせていくことで，それなりの形ができる。

そうしてできたアウトプットは，どれもが似たような中身だ。表層的で貧相なレポートが次々と製造されていく。そうなってしまう理由は明快だ。作成する過程に，考えるという工程が入っていないからである。

考える工程とはどういうことか？

考える工程とは，いったん立ち止まって深く思考をめぐらすことだ。

◆なぜそうなのか？

◆本当に正しいのか？

◆それは事実か？ 根拠はあるのか？

◆偏った視点になっていないか？ 他の見方はできないか？

　考えるということは，批判的思考を繰り返すことであると言っていい（1－8「世界に通用するコンセプチュアルスキル」参照）。

　批判的思考によって，未知の世界・未開の地を深く掘り下げていくことが可能になる。思考をめぐらすことで，新たな発見や違った視点が見いだせる。中身により深みと広がりが出てくる。それこそが学問の真の姿と言えるのではないだろうか。

　自身の意見だけではなく他人の意見に対しても同様の捉え方が当てはまる。専門家が言うことやメディアに書かれていることを鵜呑みにしないことだ。

　世間で言う常識は本当に正しいことなのか？

　そういった視点を持って思考することで視野が広がっていき，自身の考えと意見が確立していく。

　考えることをしないで，指示されたままに単に左から右に作業を流していくことは，単なる情報処理に過ぎないと言えるだろう。

情報処理と批判的思考

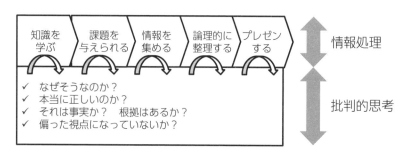

二極化する大学の事情

　大学は教育機関としての最高峰であるから，考えるという工程を積み重ね，学問を追求していくことこそが本来の姿のはずだ。だが残念ながら，学問を追求していくことは多数派になり得ていない。理由は学生に人気がないからだ。欧米のように，毎晩遅くまで学習しないとついていけないようなスタイルは，まず敬遠される。手っ取り早く単位を取得できる講座が圧倒的に人気である。授業で聞いたことをなぞって再現すれば，単位が取れるような講座ばかりが存在しているわけだ。これでは考える訓練にほど遠い。表層の知識だけ一時的に獲得して分かったような気になるが，すぐに忘れてしまう。身につくスキルは，単位を効率よく取得するという情報処理能力だ。日本の大学は職業訓練校として，情報処理人材を大量生産していると言っても過言ではない。

　一方，数は少ないが，考える訓練，つまり学問を追求している大学や学部学科も存在する。それは一部の優れた教授や准教授のリーダーシップによって支えられている。学生たちは在学中，単位を取得するのに苦労するわけだが，そうした人材は社会に出てから素晴らしい能力を発揮し，活躍している。

　考える訓練の教育には条件がある。教える側に一定の能力が求められるのだ。学生たちの考えたことを正面から受け止め，壁打ち相手として返さなければならない。相手のレベルに合わせて，熟考を促すような助言や指摘をしてあげなければならない。それには，相応のスキルと経験が求められてくる。

　日本の大学は二極化している。そしてその結果，3種類の人材が大学から社会に輩出される。

◆考える訓練をされた人材

◆情報処理に長けた人材

◆学業とは縁のない学生生活を送った人材

これらの人材が企業の新卒採用の対象として取り合いになっている。

企業にとって役に立つ新卒人材とは？

　前述のように，多くの学生は（社会に出て役立つと考えられている）知識と技能を詰め込まれることにより，情報処理に長けた人材として輩出される。そして少数派であるが，学問を追求し考える訓練ができている人材がいる。また旧来から存在する学業とは縁遠い学生，つまり体育会やサークル活動，アルバイトに精を出す人材も一定数存在する。

　情報処理に長けた人材，考える訓練ができている人材，学生生活を学問以外に費やした人材。企業はどの人材を，新卒採用として，欲しいだろうか？

　答えは，いずれの人材もYesだ。

　情報処理に長けた人材は大体要領が良く，そつがない。会社としては，業務処理能力に期待できる人材だ。会社というものは事業の継続がベースにあって，おおかたの仕事は昨日と同じ業務の繰り返しである。情報処理人材には最適な配属先だ。

　考える訓練ができている人材は，洞察力に期待が持てる。将来，会社の中枢に据える候補として，業務を俯瞰的に見る部署に置くのが良いだろう。

　また，体育会やアルバイト活動に勤しんだ人材は，社会との接点や組織人としての経験を有する。社会に揉まれ人に揉まれて，世の中の理不尽さや不合理さを体感しているはずだ。彼ら彼女らは，営業や渉外などの顧客対応で能力を発揮できる人材が多い。

　もちろん，一人ひとりの人材の能力はピンキリだから，採用時の見極めが大事になってくるわけだが。

新卒の教育で気をつけることは何か？

新卒として会社に就職すると，一般的な社会常識や挨拶に加え，その会社独自の知識とやり方を覚えなければならない。業界用語，社内だけで通用する略称や特殊用語，社内規程，商品知識，業務知識，情報システム用語等々。しかし，新卒社員にとって，その習得はさほど苦にはならないはずだ。彼らは真綿が水を吸うように，短期間で知識を習得できる。

問題は次の段階からだ。配属される現場で，実践で使うための知識と技能の習得が求められる。この段階に入ると1つひとつのレベルが深くなり，そして幅が広くなる。階段を駆け上がるように習得していく人材もいるが，立ち止まってしまう人材や周回遅れとなる人材も出てくる。

この段階で人材の甲乙をつけるのは早計だ。早い時期から優秀であると見てとれる人材は，単に要領が良いだけの場合があるからだ。要領が良いと，深く考えることはせずとも仕事がこなせてしまう。

新卒社員にとって知識と技能の習得は非常に重要なことだ。が，並行して考える訓練を課すことはもっと重要だ。考える訓練の一番簡単なやり方は，仕事をやりっ放しにさせず，定期的に振り返りを行うことである。

振り返ることで，何ができて，何ができなかったのか，そしてその原因は何か，自身を見つめ直すことができる。これまでやってきたことに，どんな意味があったのか，何が得られたのか，次に何を活かせられるのか，考えるのだ。これはPDCAサイクル[aa]のうち，CとAを実践することと同じだ。3か月単位で繰り返しやっていけば，必ず考える癖がついてくるだろう。

リーダーの役目は人材を開花させること

新卒採用に関わる人たちは，会社の次世代リーダー候補だ。だから，採用

後の新入社員たちの教育係やメンター役を担うことにもなる。この節で最後に，新入社員たちへの向き合い方について言及していこう。

　社会に入ったばかりの新入社員の中には，考える素養を持ちながら，その機会に縁がなく，芽を出していない連中が必ず潜んでいる。新人教育を任される人たちの役目の1つは，それらの人材を見つけ出し，開花させることにある。誰もがというわけにはいかないが，考える訓練を繰り返していくと，素養のある人材は，物事を多面的に捉え深く思考をめぐらし，筋道を立てることができるようになってくるはずだ。

　業務処理能力は，経験を積み重ねれば遅かれ早かれ誰にもついてくるものだ。しかし，会社を変えるための改革の立案や新事業のアイデアを導き出せる社員は，そうそういない。考える訓練ができている人材がその頭角を現す。

　新卒で入ってくる人材は，これまで答えのある課題ばかりを解いてきた人たちだ。ネットを検索すれば，簡単に答えを見つけられると思っている。そんな人材には，あえてどこにも正解のない課題を与え，正面から向き合って解くことを課してみることをお勧めする。それによって秘めた潜在能力が芽を出し，開花してくる人材が必ず出てくるはずだ。

Enhance
Business
Immunity

第 5 章
社会免疫力 編

目線を高く、社会環境と経済情勢に向き合ってみよう

自身の立ち位置とこの先の展望さえ明確であれば、
現代社会との折り合いのつけ方が見えてくる。

目線を高く，
社会環境と経済情勢に向き合ってみよう

私たちは，地球上の，社会の中の一人として生きている。
たまたま，この時代の日本という国で仕事をしている。

世界の中でも日本は裕福な国だろう。
しかし内実を見ると，課題はいくらでもある。
特に，これから先の世代に大きな影響を及ぼす社会課題は，
さまざまなメディアを通じて私たちの耳に入ってくる。

◆気候変動
◆経済情勢
◆国家財政
◆雇用環境
◆AI・IT社会

少しだけ目線を高くして，私たちはどんな社会にいるのか，
どんな環境で人生を送っているのか，向き合ってみるのも悪くない。

事実が分かってくれば，その事実を冷静に受け止めることも可能となる。
見えてきた課題に対して，悲観視する必要はない。
自身の立ち位置とこの先の展望さえ明確であれば，
現代社会との折り合いのつけ方が見えてくる。

5-1 気候変動に対する向き合い方

　地球の平均気温は，直近までの130年の間に１度上がった。特に北半球の上昇は著しい。同期間で1.2度上がっている[bb]。

　私たち人間でさえ，体温が１度上がると体調に異変を起こす。それを踏まえれば，地球は異変を起こしていると考えてよいだろう。過去に例を見ないここ数年の気候変動は，私たちの過去の常識を完全に覆している。

　地球全体は常にバランスをとろうとしているから，どこかの地で異常気象が発生すれば，離れた地でその反動が起こる。日本で猛暑が発生していれば，南半球のどこかで極寒や豪雪が発生しているはずだ。

　気候変動の原因については長いこと世界で議論されてきているが，私たち人類の活動に起因していると考えて間違いないだろう。第二次世界大戦終了後から今日まで続く世界的な人口増加と経済発展，そして，それにともなう化石燃料の大量消費はこれからもしばらく続く。この現実を見据えると，私たちの世代が生きている間に地球温暖化の流れを完全に食い止めることは，残念ながら極めて難しいと考えざるを得ない。

　この現実に対し，私たちはどう向き合うべきなのだろうか。

日本が二酸化炭素排出大国であるという事実

　まず事実認識をしていこう。地球温暖化の原理は小学校の教科書にも記載されるくらい周知のことであるので，ここでは言及しないが，最大の原因は大気中の二酸化炭素の濃度が増加していることにある。

　二酸化炭素濃度の増減は，地球での吸収量と排出量の差し引きで決まる。吸収は海洋と土壌，そして森林によるものだ。一方，排出は前述の海洋・土壌・森林に加え，人類の活動から大気に放たれる。人類の活動による二酸化炭素の排出量が年々多くなっている。そのため循環の均衡が崩れ，二酸化炭

素が大気中に滞留してしまっているわけだ[cc]。

　では，私たちが暮らす日本は，どれくらい二酸化炭素（CO_2）を排出しているのか見ていくことにしよう[dd]。

①日本のCO_2排出量は，世界で5番目に多い

　（多い順に，中国・米国・インド・ロシア・日本）

②国民一人当たりの排出量では，上記5か国で日本は3番目に多い

　（多い順に，米国・ロシア・日本・中国・インド）

③日本上空のCO_2濃度は，30年前に比べ約1.2倍となっている

④日本は発電において，最も燃焼効率が悪い石炭に約3割依存している

⑤日本のCO_2排出量は2013年以降徐々に減っていたが，2021年に増加に転じた

　これらの数字の意味をどう受け止めるかは個々の判断に委ねたい。

　少なくとも認識できることは，私たちの国は紛れもなく二酸化炭素排出大国であるということと，二酸化炭素削減への取り組みはいまだ途上にあるということだ。

生産活動はエネルギー消費をともなう

　仕事をするということは，社会における生産活動の一端を担っていることだ。その生産活動には，必ずエネルギー消費がともなう。消費者としての生活行動でもエネルギーの消費が発生するが，それに比べると企業の生産活動は数十倍から数万倍のエネルギーを消費している。

　過去においては，エネルギー消費の代表格は動力を必要とする製造業という認識だった。しかし，現在では，三次産業のサービス業も同様にエネルギーを大量に消費している。なぜなら，私たちは情報化社会の中で，ITと

いうツールの活用が欠かせなくなっているからだ。私たちが使うパソコンやスマホは，全国に配備されたサーバやネットワーク機器につながっていて，24時間稼働している。これらの機器を動かすために大量の電気が必要だ。加えて放熱があるため，冷やすための電気が必要となっている。

　会社という存在は，社会に対し付加価値を創造し提供する立場であるとともに，エネルギーを大量消費する立場にある。経営者であろうと従業員であろうと，私たちは地球という資源の恩恵を受けて仕事をしていることを心に留めておくべきであろう。そのうえで，地球温暖化という社会課題に，謙虚な姿勢で向き合わなければならないのではないだろうか。私自身の自戒の念を込めて。

リスクマネジメントが一人ひとりに求められる

　河川の氾濫・土砂崩壊・暴風雨・豪雪・地震・津波・疫病・戦争・テロ，これらは大規模な社会混乱を発生させる重大なリスクだ。これらのリスクが顕在化することに対し，私たちはあらがうことはできない。特に，これらのリスクの中で，気候変動に関わるリスクの発生確率が極めて高いことは，誰もが実感していることであろう。

　必要なことは，これらの事象が顕在化した際に，初動を含め，いかに対処するかということに尽きる。私たちは仲間や同僚たちと仕事をともにする社会人であると同時に，家族とともに暮らす国民でもある。

　このようなリスクが発生した場合にどう動くのか，といったシミュレーションの訓練はやっておくに越したことはない。私たち一人ひとりが，日頃から先を読んで行動する力を試されていると考えていいだろう。

未来技術への理解と投資

　政府はさまざまなメディアを通じて，こまめな節電を呼びかけている。日々の省エネ活動はもちろん必要な取り組みだ。ただしそれは，あくまで一人の消費者としての話である。

　私たち働く人の多くは，会社という組織に属している。会社は，先に述べたようなエネルギーを大量消費するだけではない。会社は，個人ではまかなえない大きな資金を使って，未来のための投資を行うことができる存在だ。

　地球温暖化防止に直接役立つような研究開発や事業参入は，莫大な投資を要するため一部の企業にしかできないことだろう。しかし，地球環境に優しい新技術を搭載した機器や装置を購入することは，どの会社でもできるはずだ。

　当然のことだが，新技術を搭載した商品のほうが，枯れた技術を搭載した既存製品よりも値が張る。現場の購買業務では，経営陣の顔色を見て，ついつい安いものを買いがちだ。しかし，コストと効率だけを優先することにどれだけの意味があるだろうか。過去30年にわたりコストや効率ばかりを求めてきた日本の企業に何が培われたか，振り返れば一目瞭然だ。

　あえて高額な未来技術に投資すること，それこそがこれからの日本企業に求められる姿勢ではないだろうか。地球温暖化防止に寄与する未来技術が使われていくことで生産コストが下がり，さらに世界に広がっていく。新しい技術普及の循環に寄与することこそが，社会で働く私たちにできることだと考えている。

5-2 日銀低金利政策の功罪

　日銀は，日本経済に対し30年間劇薬を打ち続けた。その劇薬のお陰で，日本経済を死に至らしめるような事態を避けることができ，景気を下支えすることにつながった。

　しかし，効き目のある薬であればあるほど，その副作用は大きい。私たちは，劇薬に慣れっこになってしまい，その中毒患者となっている状態だ。この状態から脱し正常化していくために，これから先，長く困難な道のりが待っている。

日本が破綻危機に陥らない理由

　日本政府が発行している国債残高は，2022年に1,000兆円を超えた。

　歴代内閣は，過去国債を増発し続けてきた。岸田政権となり，さらにそれに拍車がかかった。莫大な借金を抱えている日本政府は，なぜ破綻しないの

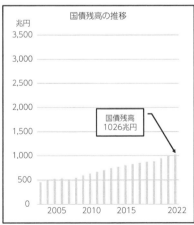

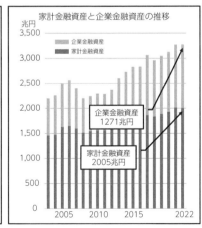

出典：財務省統計資料，日本銀行統計資料より筆者作成
2022年国債残高は見込額，2022年金融資産は9月末の数値

だろうか？　まずは，その謎を解いていくことにしよう。

　前頁の図表は，左に国債残高の推移と，右に家計および企業の金融資産の推移を示している。双方のグラフを比較できるように，縦軸の金額スケールは同じにしてある。

　国の借金である国債は，毎年増加の一途をたどり，その残高が，2022年に1,000兆円を超えたことが分かる。それに呼応するかのように，家計の資産も企業の資産も増加していることが見て取れる。家計資産は2,000兆円を超え，企業資産は1,200兆円を超えた。つまり，政府の借金1,000兆円を大幅に上回る3,200兆円という資産が，一般家庭と企業に蓄積されているということだ[ee]。

　これは，日本国全体のバランスシートにおいて，債務超過に陥ることなく，資産超過の状態を維持できているということを意味する。世界の金融市場において日本の信用が維持され続けている理由はここにある。

　しかし，国全体が黒字だからといって，政府がお構いなしに借金を積み上げていってよいはずはない。政府が国家の財政に対し，ちゃんと向き合うことをせず，ばらまきを続けた結果だ。企業に甘い汁ばかりを吸わせ，国民にいい顔ばかりしてきたことが，大きなツケとなって溜まっている。

　私たちは，これまでずっと，ぬるま湯の中で経済活動に関わってきたと自覚したほうがいいだろう。少しばかり黒字が続いたり，自己資金が積み上がったりしたからといって，うぬぼれないよう心がけたいものだ。

家計金融資産が膨れ上がった背景

　では次に，家計の金融資産がここまで膨れ上がった背景を考えてみよう。

　家計は，潤沢な資金を銀行に預ける。銀行は，そのお金を使って国債を購入する。政府は国債発行によって得られた資金を社会保障費に充て，家計に還元しているという構図だ（図表）。本来であれば，家計に還元された社会

保障費は消費に転換されなければならない。しかし，現実の家計では，消費ではなく蓄財に回っている。この結果，家計の資産は増え続け，国の借金も同様に増え続けている。

日銀の異次元緩和策は2013年から始まった。民間銀行だけではなく，日銀自体も積極的に国債を購入する政策に転換したのだ。そして政府は，財政規律を軽視して，選挙のためにバラマキ政策を優先した。これによって，さらに輪をかけて家計の金融資産は膨らみ，国の借金も膨れ上がる結果となっているのだ。

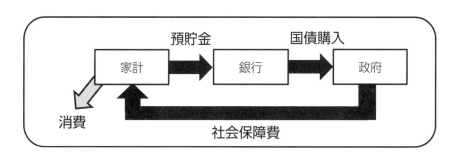

個人資産の膨張による格差の拡大

家計の資産が増えたといっても，国民全員が裕福になっているわけではない。持つ者はますます富み，持たない者は変わっていないのが現状である。

それを示す顕著な例を見てみよう。図表は，首都圏（一都三県）のマンション1戸の平均価格の推移である。

首都圏の新築マンション販売価格は，2008年のリーマンショック前まで4,000万円前後にあった。ところが，リーマンショックを機に4,000万円後半に跳ね上がった。さらに2013年の日銀異次元緩和策の実施以降から急上昇を重ね，コロナ禍の2020年には6,000万円を超えた。6,000万円という価格は，1980年代のバブル期の価格を上回る金額である。新築マンションに限らず，

中古マンションも，同様に値上がりを続けている。

　不動産価格が景気やGDPの動きとは全く相関性のない値動きになっているということがよく分かる。相関性があるのは，日銀の政策である。最初に価格が跳ね上がった2007年から2012年は，量的金融緩和政策と言われる超低金利政策を行っている。さらに2013年以降は，アベノミクスの一環であるマイナス金利をともなう量的・質的緩和政策を取り続けている。市場に大量に放出された豊富な資金と，借りやすい低金利という条件により，投資家たちの資金が不動産に向かっていったことが透けて見える。

　億ションと言われる1億円以上のマンションの多くは，富裕層と言われる金と暇のある人たちと海外投資家の購入物だ。彼らは節税と資金運用のために購入している。1億円以下の物件は，パワーカップルと言われる世帯収入1,000万円以上の夫婦共稼ぎの層が主な購入者である。いずれにしても，都市部において住居を購入できる人たちはそう多くはいない。

　価格上昇にともなう住居費の増大は，当然ながら子育て世代の家計に直接

首都圏（一都三県）の新築マンション平均価格推移（単位：万円）

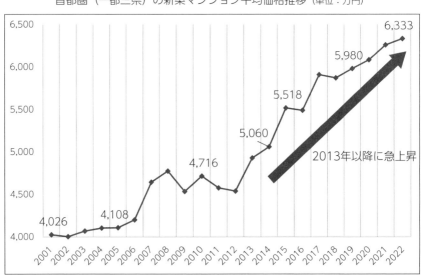

出典：不動産経済研究所公開データより（2022年は上期の数値）

影響する。子育て世代は，目下の住宅ローンと，将来の養育費・教育費の負担のバランスをどうしても考えてしまう。東京都の出生率が際立って最下位[ff]にあるという結果が示すように，不動産価格の上昇は，少子化という社会課題に対しさらに拍車をかける要因になっている。

問われる銀行の存在価値

不動産を購入する人たちに資金を融資する銀行も苦境にある。市中では銀行店舗の統合・閉鎖が続く。従来から築いてきたビジネスモデルが崩壊しているからだ。その原因も低金利政策にある。

先に述べたように，家計と企業はふんだんに現金を持っている。銀行にとって安心して融資できる顧客であればあるほど，資金繰りには困っていない。借り手優位の状況ということだ。過当競争になるわけだから，銀行が提示する金利は破格の条件となる。典型的な例で言えば，2022年末の住宅ローン変動金利は，0.3％台という異常な低さである。

一方，融資1件当たりにかかる銀行の手間は，金利や融資額の大小には影響しない。どんなに少額の融資であっても，銀行員の営業コストと事務コストが一様にのしかかる。つまり，融資1件当たりの利ざやが少ない現在，どう銀行員があがいても大して儲からないという構造だ。現に，金融庁の発表では，地方銀行の約半数が本業で利益を上げられず，赤字に陥っているとあ

銀行が陥っている負の二重スパイラル

る^{gg}。

　さらに輪をかけたのが，コロナ禍におけるゼロゼロ融資だ^{hh}。収支悪化に苦しむ銀行は，これ幸いとばかりに，中小企業に対し最大限の金額まで借りるよう融資を持ちかけた。すでに死に体となっている企業にも融資をして，延命させているわけだ。これは将来の不良債権拡大というリスクを，大きくはらんでいる。今や，銀行は本業の収益悪化と，将来のリスク増大という二重の苦しみに陥っている。

　現在の銀行が利益を出しているのは本業以外だ。具体的には，株式や債券の運用，M&Aの手数料収入，そして富裕層の資産運用である。特に，どの銀行も共通して力を入れているのが富裕層の取り込みだ。所有資産の運用，相続対策，信託などの業務を請け負って富裕層を囲い込んでいる。富める者が，ますます富む構造の背景がここにある。

　集めた預金を，融資として貸し出すことが銀行の本業であった。しかし，その本業で儲けることができなくなっている。バンカーたちの士気は当然下がる。貸し出し数を増やすために与信や審査が甘くなり，本来バンカーに必要な目利き力も弱まる。今や，バンカーとしての気概や矜持を持つ銀行員は減る一方だ。

　経済において銀行を核とした資金の循環は，血液である。血液の循環が滞ると，新陳代謝が悪くなる。銀行の実力低下は，これからの日本経済に大きな影響を及ぼすと懸念している。

リスクを取らずとも儲けることができる企業経営

　内部留保と言われている日本企業の金融資産は，年々増加の一途をたどり500兆円を超えたⁱⁱ。この資産を運用に回せば，リスクの低い金融商品であっても３％～５％の利益を確保できる。企業は労せずして，株式・債権・不動産などの運用や企業の買収によって利益を積み上げることが可能なのである。

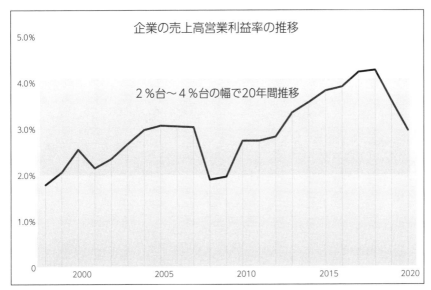

参考：財務省「法人企業統計」データより筆者作成

では，本業の利益のほうはどうなっているのだろうか。

図表は，過去20年間の日本企業の売上高営業利益率の推移である。これを見ると，営業利益率は，総じて2〜4％の間で推移していることが分かる。

日本を代表する総合電機メーカーのパナソニックの財務内容を見てみよう。2022年の売上高営業利益率は3.82％である。この数値の低さを体感するために，従業員一人が1年間にどれくらい稼いでいるかの計算をしてみる。結果は，従業員一人当たり年間106万円[j]，1か月に換算すると9万円程度しか利益を上げられていない。

これが日本企業の典型的な姿である。本業で稼ぐ力が弱まっているのだ。

企業を経営する側の観点でいくと，本業で稼げなくても，潤沢な金融資産を運用に回せば十分に利益を積み上げることができる。手っ取り早く儲かっている企業を買収すれば，その利益がバランスシートに反映される。結果，本業で思い切った設備投資や事業開発をすることの優先順位を落としている。

日本は，世界をリードするようなイノベーションを生み出してこないと長

年言われ続けてきた。リスクを取って，チャレンジすることができない体質に転換してしまっていることが見えてくる。

日銀低金利政策から脱皮するための長く険しい道のり

　日本は，1989年のバブル崩壊と，2008年のリーマンショックという二度の金融ショックを経験した。そして，そこからの回復に長い期間を要してしまった。急激な変化に対する日本人の耐性は，極めて弱くなってしまったようだ。

　だから，政府も日銀も，金融政策に慎重にならざるを得ない。その慎重さゆえに，政府も日銀も政策の大きな転換を図れない状況が続いている。

　日銀が使った異次元緩和策という劇薬は，ステロイド治療と同様である。ステロイドという劇薬は，痛みを緩和し麻痺させることができる。しかし，その後には劇薬を徐々に抜いていくという治療が待っている。急激に劇薬を減らすと病気が再発する。心身の状況と会話しながら，時間をかけて治療していくことが求められる。

　現在の日本は，江戸時代の鎖国下の経済とは違い，グローバル経済の下にある。日本だけが特別というわけにはいかない。市場と向き合い，市場と会話しながら，長い時間をかけて少しずつ劇薬を抜く治療をしていくことが求められている。

5-3 従業員を守る法律は，景気が良いときに整備される

コロナ禍となる直前，2019年に働き方改革関連法，そして2020年にパワハラ防止法が施行された。しかし，その後不景気へ突入し，企業で働く従業員を守る法律は整備されていない。同様のことは過去においても同様である。人事関連の法律の歴史を振り返ることにより，確認していくことにしよう。

■終戦直後：1946年～1947年

GHQ主導により一連の労働関連法が整備された。私たちが義務教育で習った労働三法である。最初にできたのは労働組合法だ。その目的は，日本を民主主義国家にするために労働組合を推進し，極左と極右の活動を抑えることにあった。その翌年，日本国憲法が制定される。同時期に労働条件の最低基準を定めた労働基準法が施行された。ここで国民の雇用と労働の法基盤が出来上がった。

■高度成長期：1959年～1971年

戦後の労働三法施行から12年の空白を経て，高度成長期に突入した。好景気を背景に，労働賃金アップの機運が高まり最低賃金法が施行。加えて，差別的な扱いを禁止するために障害者と高齢者の雇用を守る法が確立された。その後，石油ショックが起きる。

■バブル経済期：1986年～1993年

石油ショックのあと15年の空白の時期を経て，バブル経済期に入る。この時期は人手不足が深刻で，雇用の枠を増やすことが最重要課題だった。派遣業務の公式認定，男女雇用機会均等法，パートタイム労働条件の整備，これらは雇用の枠を増やすための施策である。その後，雇用拡大の勢いをシャットダウンするかのようにバブルが崩壊した。

従業員を守る法律　制定の変遷

	施行	法律名	目的	
終戦直後	1946年	労働組合法	勤労者の団結権利，団体交渉の権利を規定	新規
	1946年	労働関係調整法	労働争議の予防，解決	新規
	1947年	労働基準法	労働条件に関する最低限の基準を規定	新規
	1947年	雇用保険法	失業時の生活の安定	新規
	1947年	労働者災害補償保険法	労働災害の際の補償	新規
空白期（12年）				
高度成長期〜石油ショック	1959年	最低賃金法	給与の最低額の規定	新規
	1960年	身体障害者雇用促進法	障害者雇用の義務化	新規
	1971年	高年齢者雇用安定法	高年齢者の雇用確保の促進	新規
空白期（15年）				
バブル期〜バブル終焉	1986年	労働者派遣法	人材派遣業務の公式認定	新規
	1986年	男女雇用機会均等法	雇用における性差別の禁止	新規
	1992年	育児・介護休業法	育児・介護に関する労働者の権利を規定	新規
	1993年	パートタイム労働法	短時間労働者の雇用条件改善	新規
空白期（13年）				
バブルからの回復期〜リーマンショック	2006年	労働審判法	労働者からの提訴の迅速化・簡素化	新規
	2007年	男女雇用機会均等法	セクシャルハラスメント防止	改定
	2008年	労働契約法	労働契約ルールの成文化	新規
空白期（4年）				
アベノミクス景気〜コロナショック	2012年	労働者派遣法	派遣切り・雇い止めへの規制	改定
	2013年	高年齢者雇用安定法	65歳までの雇用義務化	改定
	2014年	労働安全衛生法	ストレスチェックの義務化	改定
	2016年	女性活躍推進法	女性の職場活躍の推進	新規
	2017年	男女雇用機会均等法	妊娠・出産に関するハラスメント防止	改定
	2019年	働き方改革関連法	同一労働同一賃金	改定
	2020年	パワハラ防止法	パワーハラスメントの防止	新規

■バブルからの回復期：2006年〜2008年

バブル崩壊からの長いトンネルの出口が少し見えてきたのは，崩壊時から15年経ったときである。女性の社会進出はある程度定着はしたものの，不利な雇用条件や差別的な扱いが依然として残っていた。立場の弱い従業員が犠牲になることのないよう，法の整備が始まった。その流れもリーマンショックにより止まった。

■アベノミクス：2012年〜2020年

リーマンショックと東日本大震災による深い傷から回復したのは，アベノミクス改革によるものだ。長期政権と官邸主導の強みを背景に，社会課題となっていたハラスメントに対する法整備や，高齢化社会に対応するための取り組みが少しずつ始まった。呼応するかのように，企業に対してコンプライアンス（法令遵守）の圧力が強まったのもこの時期である。しかし，残念なことにコロナ禍で流れが止まった。

なぜ，好景気のときにしか法が整備されないのか？

こうして歴史を振り返ると，雇用と労働に関わる重要な法律は，本当に好景気の時期にしか制定されていない。それはなぜなのだろうか。

私は3点理由があると考えている。

1点目の理由は，問題の顕在化が好景気の時期に起きるというところにある。好景気では，経済情勢の変化が大きくて早い。急成長する企業もあれば，新興勢力に押されて没落する企業も出てくる。急激な変化に対応できるだけの経営能力がある企業はそう多くはないから，企業の運営にひずみが生じてしまう。そのしわ寄せが，従業員に降りかかってくるのである。

2点目の理由は，政府の優先順位にある。不景気の際の最優先事項は，経済対策だ。従業員を守るよりも，雇用を守るほうが優先となる。政府は，予

算を公共事業と補助金に振り向け，雇用を創出・維持するように働きかける。政府としては，雇用が安定して初めて，労働環境の改善に目を向けられるようになるのだ。

　3点目の理由は，政府の立法能力の問題だ。従業員を守る法律は，経済対策と違って，単に予算をつければ良いという話ではない。人間が相手だから慎重な検討を要する。したがって，安定した政権と政府の立法能力が必要だ。

　1993年から1996年までの細川・羽田・村山連立政権時代と，2009年から2012年までの鳩山・菅・野田連立政権時代は，労働者を守る法律が一切制定されていない。空白の期間に該当している。これらの連立政権には，連合を代表する労働組合の強力な支持基盤があった。それにもかかわらず，両政権が労働者を守る法律を制定できていないのは，安定政権と立法能力が必要であることを裏づけている。

　世界全体から見れば，日本の雇用環境・労働環境は相当良いところにある。しかし，欧米の国々に比べれば，まだまだ発展途上にあると言わざるを得ない。男女格差の現状を示すジェンダーギャップ指数では，世界146か国中，日本は125位[kk]である。下から数えたほうが早い恥ずかしい状況にある。

　雇用と労働の課題は満載だ。好景気はいつやって来るか分からない。それを待たずとも，人口の半数を占める被雇用者たち[ll]が声をあげ，就労環境を少しずつでも良くしていく機運を高めることがこれから求められてくる。

5-4 企業の儲けとその使い道　稼ぎ出した利益はどこに？

　経済的閉塞感が長く続く日本で，企業各社は過去最高益を記録するなど，10年以上にわたり大きな利益をたたき出している。一方，会社員の給与は，コロナ開けの賃上げムードで一時的に上昇したが，長期のレンジで見れば減らされているのが現状だ。企業が儲けた金は，果たしてどこにいってしまったのだろうか。なぜそのようなことになってしまったのか，データを基にマクロな視点で分析を進めてみる。

すでにバブル期を大きく超えた企業の儲け

　図表は日本の法人企業の経常利益額推移だ。バブル絶頂期の1998年から近年の2020年に至るまでの統計データを抽出している。対象は日本の全産業の法人合計値（金融/保険除く）だ。

　図表から明らかなように，バブル期に最高値を更新した1989年の39兆円という数値は2004年に超えた。リーマンショックのあった2008年と2009年は，一時的に落ち込んだが，2010年以降40兆円を割ることはなく，むしろ大幅に増益基調に転換し，2018年にはバブル期の倍以上となる84兆円を記録した。

　経常利益は，1年間の企業活動によって得られた収入から，発生した費用を除いた実質的な儲けの金額を示す。バブル崩壊後の苦しい時期に汚れた膿みを出し切り，稼ぐ力を着実に積み上げた結果がこのグラフに反映されている。バブル期の放漫経営のツケがあった企業の多くは，リーマンショック前にすでに精算を終え，2010年以降には着実に毎年利益を積み上げている。直近では2019年の消費増税，2020年のコロナ禍の影響により利益は落ち込んでいるが，リーマンショック時ほどの大きな影響を受けていないことはグラフからも読み取れる。

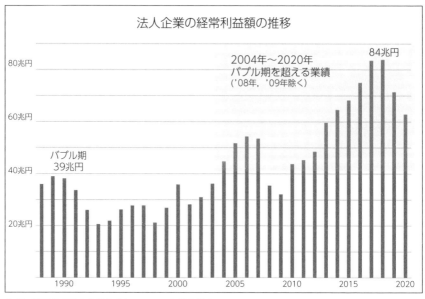

参考：財務省「法人企業統計」データより筆者作成

積み上げた利益の行き先

　企業が稼ぎ出した経常利益はどこに行ってしまったのだろうか？

　決算が黒字のときには，法人税を支払って最後に残る金が当期純利益である。その当期純利益は，株主への配当金の支払いを経たのち，利益準備金といわれる企業の貯蓄に行きつく。

　利益準備金はバランスシート上の会計用語で，一般には内部留保と呼ばれている。この内部留保が，20年にわたり着実に積み上がっているわけだ。

　図表は，日本の法人企業の利益準備金（内部留保）の推移である。バブル崩壊後の10年間，内部留保は100兆円強の横ばいで推移していた。ところが，2000年から右肩上がりに増えていき，20年後の2020年には約4倍の484兆円まで積み上がっている。この金額は，同年の日本のGDP 535兆円とほぼ近い値だ。いかに大きな規模の金額が貯蓄されているか分かるだろう。

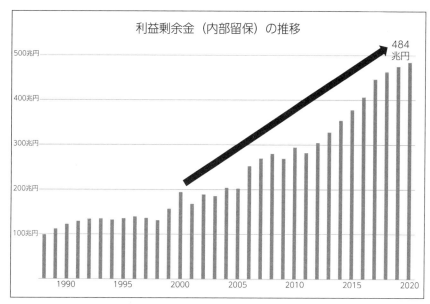

利益剰余金（内部留保）の推移

参考：財務省「法人企業統計」データより筆者作成

　一部のメディアや政治家は，この内部留保の数値だけを取り上げて問題提起している。が，それは短絡的な見方だ。内部留保は，あくまでバランスシートの右側の純資産の部に表記される数値である。企業会計を少しかじった人なら分かると思うが，バランスシートの右側は企業活動のために集めた資金の内訳だ。大事なことは，集めた資金が何に使われたのかを示すバランスシートの左側の部分を見ることにある。

　500兆円もの巨額な企業の内部留保は，どこに投資されているのか，そしてなぜそのような状況になってしまったのか，その本質的な課題を次に追求していこう。

20年間大きくは変わらない設備投資額

　企業は将来の存続そして成長のために，その年々で出た利益を，さらに本

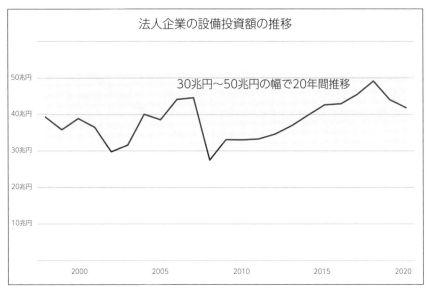

法人企業の設備投資額の推移

30兆円〜50兆円の幅で20年間推移

参考：財務省「法人企業統計」データより筆者作成

業に対して投資に回すのが常だ。その用途は，刻々と変化する市場環境への対応，競合との差別化，生産性向上のための新しい技術の採用，既存資産の劣化や陳腐化への対応，新事業創造のためのR&Dなどさまざまだ。それらの投資の中で，大きな割合を占めるのが設備投資だ。一般的には，売上高に対し，製造業だと10〜20%，非製造業だと5%前後の設備投資を行っていると言われている。

　図表は，日本の法人企業全体の約20年間にわたる設備投資額の推移である。設備投資はキャッシュアウトが大きいため，そのときの景気によって投資額が大きく変動する。グラフの上下の傾きは，その景気変動に直結していると思っていい。20年間の大きな流れを見ると，リーマンショックや東日本大震災，アベノミクス，コロナ禍などの影響により乱高下はあったが，設備投資額は押しなべて30〜50兆円の間を推移していることが分かる。前項に言及した経常利益や内部留保の増加と設備投資の金額は連動していないのだ。

20年間に大きく伸びたのは海外投資

　法人企業全体のバランスシートをよく見ていくと，20年の間に着実に増えている勘定科目が1つだけある。バランスシート左側，固定資産の中にある「投資その他資産」といわれるものだ。これは，長期の資産運用を目的とする投資であり，株式・国債・社債・出資金などが主な対象だ。子会社の株式などもここに含まれる。

　図表は，法人企業全体の「投資その他資産」の推移を示している。2000年に206兆円だったものが，20年後の2020年には2倍以上の545兆円まで積み上がっていることが分かる。

　もう一段細かくすると，どこに投資しているかが見えてくる。「投資その他資産」には，国内向け投資と海外向け投資がある。図表の中で海外向けの投資を濃い棒グラフで示した。2000年では31兆円と，投資全体のなかで15%

法人企業の「投資その他資産」の推移

参考：JETRO「直接投資統計」及び財務省「法人企業統計」データより筆者作成

しかなかった海外投資は，20年後の2020年に7倍の219兆円，全体の40％を占めるように変貌している。

本業以外の儲けによる利益貢献

投資その他資産運用により得られた収益は，国内海外問わず，PL上では営業外収益に反映される。営業外収益とは，平たく言うと本業以外で得られた利益ということだ。その営業外収益から，営業外費用となる支払利息・売却損・評価損・為替差損などを差し引いたのが営業外損益である。

図表に，法人企業の営業外損益の推移を示した。2003年までは赤字だったが，2004年以降は黒字転換し，2020年には21.2兆円になっている。つまり，企業は潤沢な資金を，海外主体の投資に活用することにより，着実に投資で儲かる体質になったということが分かる。

経常利益は2020年に62.8兆円であったので，その3分の1が，本業以外の

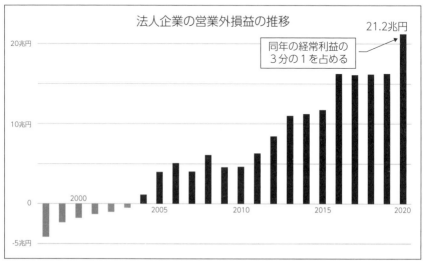

参考：財務省「法人企業統計」データより筆者作成

営業外損益として占められていたことになる。

　ここまでが，日本の企業全体が20年間積み上げてきた利益をどのように使ってきたのか，その検証を客観的に行ってみたものである。

設備投資の抑制

↓

内部留保の積み増し

↓

海外投資による資金運用

↓

経常利益の増加

↓

さらなる海外への投資

　このような循環が出来上がっているわけだ。しかし，一見好循環に見えるこのサイクルは大きな問題をはらんでいる。

　本節の最後に，この実態に潜む本質的な問題点に言及していこう。

国内投資に回ってこない利益

　世界市場で，日本企業が積極的に競争参画し利益を稼いでいくことは，あるべき法人の姿としては理想的な形態だ。1990年代までの日本企業は，製造業を中心に原材料を輸入し国内生産した製品を海外に輸出するモデルで，世界市場の中で戦っていた。その後2000年以降の日本企業は，貿易摩擦や為替変動リスクの影響を避けるために，世界で戦うモデルを海外現地生産・販売の形に転身させた。それにともない，以前には用途になかった海外工場設立の投資費用や現地企業の買収費用などの海外投資が必然的に増えていった。

　当然，欧米諸国の企業も同様の戦略を駆使して，世界で戦っている。した

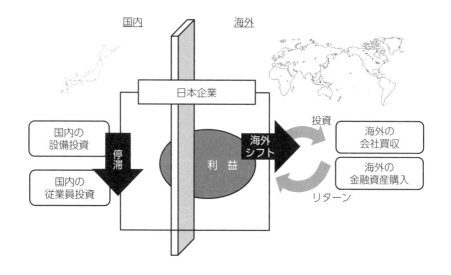

　がって，日本企業がとってきたその戦略自体は間違っていない。最大の問題は，その稼いだ利益が国内に還流されないことにある。積極的な海外進出と海外投資の結果，受け取る配当金や運用益が経常利益として加算されるわけだが，それが国内の設備投資や従業員への投資に回ってこない。まるで国内と海外との間の金の流れに見えない壁があって，堰き止められているかのように………。

　海外に投資して利益を上げ，その積み上げた利益はさらなる海外投資に回す。片や国内の従業員に対する投資や国内の設備投資は，前年並みのほどほどにしておく………，直近20年の日本の景気の停滞感と閉塞感の原因は，ここにある。

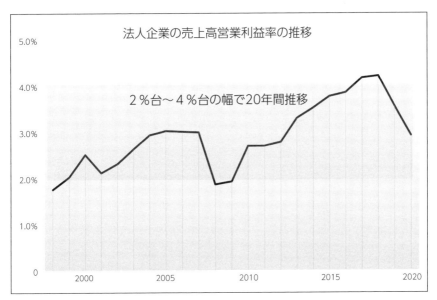

参考：財務省「法人企業統計」データより筆者作成

本業の利益率の低さに根本の問題がある

　最後に，なぜ日本企業は本業である国内の設備や従業員に投資しないのか，その理由について考察してみよう。

　理由は明快だ。本業の利益率が低いからである。図表に，日本企業の売上高営業利益率の推移を示した。

　そのときどきの景気に左右されているとはいえ，ここ20年間は2％から4％の間の推移を続けており，決して5％を超えていないことが分かる。残念ながらこの数値は，非常に低いと言わざるを得ない。

　投資の経験がある人なら分かると思うが，ローリスクと言われる金融商品でさえ4〜5％の利回りを見込むのが通常だ。利回りだけの視点で言えば，事業に必要な資金を本業に投資するよりも，利回りの良い海外に投資したほうがよいという考え方になってしまう（投資は企業の将来価値や事業の付加

価値などさまざまな判断基準があるので，ここではあくまで単純利益の計算であることを補足しておく）。

　欧米企業の数値を見ると，米国では7％台，欧州では6％台が平均的な営業利益率だ。各国の税制度や規制の枠組みが違うとはいえ，日本企業と欧米企業との間で，これだけの数字の乖離があることは深刻な問題だ。なぜなら，本業で稼いだ利益を次への投資へ回すという考え方は，ビジネスの原理原則であり本質だからだ。

　一例として日本を代表するグローバル企業であるパナソニックの営業利益率を見てみよう。図表に示したように，2020年と2021年のパナソニック売上高営業利益率は3％台である。まさに平均的な日本企業の数値に該当する。パナソニックの全従業員は約24万人，年間で稼ぎ出している営業利益は約2,600億円なので，従業員一人当たりの営業利益を計算すると106万円である。1か月換算すると，従業員一人は月に9万円弱しか利益を上げていないことになってしまうわけだ。

パナソニックの経営数字

	売上高 （百万円）	営業利益 （百万円）	売上高 営業利益率	従業員数 （人）	一人当たり 営業利益額 （円）
2021年3月期	6,698,794	258,600	3.86%	243,540	1,061,838
2020年3月期	7,490,601	293,751	3.92%		

参考：パナソニックIR資料より筆者作成

　日本はコロナ禍に至る2022年まで，従業員の給与水準が上がることなく，徐々に下がっている現状がある一方，日本企業は過去最高の経常利益を出し，内部留保を着実に積み上げてきたという大きな矛盾があった。今回，その矛盾を解明すべくマクロの視点で分析を試みた。

　すべての元凶は，日本企業の営業利益率の低さにあると私は見ている。利益率が低くてもよしとする風潮を排除しなければ，事業の構造も働き方も生産性も変えていくことは難しい。利益は将来への成長のための原資であり，

活力の源だ。海外投資で利益を出せている今だからこそ，その原資を国内に還流し，事業の利益率を上げるための構造改革，将来の付加価値を生み出す研究開発，そして生産性を上げるための従業員への投資に力を注ぐべきだと考える。

5-5 生産性が上がらない日本…その理由は？

　日本は，世界の中で生産性が低いと言われて久しい。

　安倍政権がアベノミクスの一環として生産性改革を掲げたのは2017年。働き方改革関連法案といわれる労働関連法の整備がなされて，6年が経過した。ところが，いまだに日本の労働生産性は低迷したままだ。「働き方改革」「ワークライフバランス」といったキーワードばかりが先行しているだけで，全く実がともなっていない。

G7の中で生産性が最下位の日本

　労働生産性の計算は，概念としては単純な式である。

　労働生産性 = 付加価値 ／ 総労働者数 × 総労働時間

　日本全体の付加価値の総和がGDPなので，それを日本全体の総労働者数と総労働時間で割れば，日本全体の生産性が算出できる。意味合いとしては，国民一人が1時間の労働によってどれだけの付加価値額を生み出しているか，ということになる。

　日本は経済大国として世界3位のGDPを誇っているにもかかわらず，労働生産性は主要7か国（G7）の中で最下位，主要先進国が加盟する経済協力開発機構（OECD）38か国中では，下から数えたほうが早い27位である[mm]。陽気で時間に寛容といわれるラテン系のイタリアやスペインでさえ，労働生産性は日本の上をいく。

掛け声だけに終わっている働き方改革

　数多くのメディアや論評で，日本の生産性の低さは指摘され続けているから，どの経営者たちにも少なからずその認識があるはずだ。にもかかわらず，なぜ，掛け声だけの働き方改革で終わってしまっているのだろうか。

　残念ながら，残業しないように早く退社を促す程度しかやれていない企業が数多くあるのが実態だ。前頁の計算式でいえば，ただ残業を減らすだけでは労働生産性の分母（総労働時間）は減るかもしれないが，同時に分子（付加価値）も減る。だから，生産性は減りも増えもしない。

　もっと低いレベルの話になると，生産性を上げるという意思などさらさらなく，当局（この場合の当局は労働基準監督署）に目をつけられないようにするためだけに，働き方改革などと公言している経営者もいたりする。実効性のある施策がともなっていないわけだから，結果が出るはずはない。

生産性向上に寄与していないIT投資

　一部の学者や政治家は，日本の生産性の低さの原因として，他国に比べIT投資が過小であることを指摘している。が，それは分析が甘い。

　どの企業も，毎年そこそこの金額のIT投資を行っている。問題は，そのIT投資が本当に実効性のある内容をともなってきたかどうかにある。

◆今までのやり方を変えないままIT導入し，逆に煩雑になるケース
◆トップダウンでIT導入し，結局使われないまま現在に至るケース
◆社員の好き嫌いがまかり通り，IT活用が徹底できないケース
◆ITオタク担当者の高いおもちゃに成り下がっているケース

　そのような光景が企業各所にみられる。1−3節（「手段を目的化する習性から脱皮する」）で指摘したように，ITはあくまで手段である。IT導入そのものを目的化してしまうと，往々にして上記ケースのいずれかに陥ってしまう。

　掛け声だけの働き方改革に陥らないためにはどうしたらいいのだろうか。

　それには，生産性が上がらない理由，その根本原因を突き詰める必要がある。その原因を解く鍵は，以下の4点にある。

①評価指標
②組織設計
③組織文化
④心理的安全性

順を追って，解き明かしていこう。

生産性向上を阻む要因1：誤った評価指標の設定

　組織を運営する経営者にとって，構成する社員たちは同じ価値観と同じ行動様式を持っていることが望ましい姿だ。そのために会社は，価値観と行動様式を定めた企業理念や行動指針（会社によってはミッション，ビジョン，バリュー）を定める。

　しかし，企業理念や行動指針は，あくまで考え方に過ぎない。日々の社員たちの価値観と行動様式を決定づける最も大きなファクターは，評価指標だ。

　何をしたら会社から褒められるのか，何をもって評価されるのか，どうやったら給与は上がるのか，といった誰もが働くうえで持つ疑問。それに対する答えが評価指標である。

　評価指標を設定する際には，「組織が目指す目標」と「社員の評価指標」

が論理的につながっていることが大原則だ。組織目標を掲げ，その目標に基づく組織戦略と施策がある。それらは施策を実行する社員たちの評価指標とつながっていることが必要だ。

　以下のように図表で示すと簡単に見えるが，実際に中身を言語化していくと，論理的整合性がとれないケースがよくある。最上位レイヤーである組織目標と，最下位レイヤーである社員の評価指標とを並べてみると，論理矛盾が起きてしまうのだ。

　よくある例を挙げてみよう。

　多くの企業は，組織の指標として売上と売上総利益（粗利）を重要視している。ここに落とし穴がある。売上総利益には社員の人件費が入っていないからだ。売上総利益を唯一無二の組織目標として設定してしまうと，現場は残業してでも目標達成しようと頑張って働く。自分の時間がコストであるという認識がなくなり，長時間労働が当たり前になってしまう。

　自分の時間がコストであるという認識が甘い組織では，無駄な動きが多い。意味もなく大人数が参加する会議はその典型だ。会議に出席したという事実だけで，仕事をした気になってしまう。生産性という概念には，前述の計算式で示したように，分子となる付加価値が求められる。ただ会議に出席するだけでは付加価値を出さないから，生産性を大きく下げる元凶になってしまうのだ。

　これまでのような社員の頑張りに依存するだけの評価指標では，いつまで経っても働き方は変わらない。生産性は向上しない。社員の意識を変え，そして行動を変えるためには，評価指標の見直しは必須となってくる。

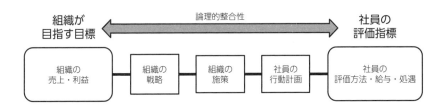

生産性向上を阻む要因２：人に仕事をつける組織設計

　２−２節「「人に仕事をつける」こと「仕事に人をつける」こと」で言及したように，「人に仕事をつけること」が慣習となっている企業は，生産性が低い。その理由を組織設計の考え方から解説していこう。

　企業の組織には，それぞれ役割と機能が定められている。その組織に定められた機能を分解し，社員一人が遂行可能な業務に細分化したものが職務である。それぞれの職務ごとに，その職務を遂行できるだけのスキルを持った社員が何人必要か，というデザインをしていくこと。これが組織設計の概念である。

　「仕事に人をつけること」とは，この組織設計をきちんとやることだ。理想の形は，求めるスキルを持った社員たちが内外から満遍なく集まり，それぞれの社員たちが機能連携し，組織としての力を大いに発揮することだ。もちろん，そんな理屈どおりに上手くいくわけはない。未経験の若手を育てたり，欠員の穴を上司が埋めたりしながら，常に理想の型の組織を目指そうとする姿勢が大事になる。

　対して「人に仕事をつける」とはどういうことか説明しよう。

　まず，管理職の数に合わせて，組織という箱の数が決められる。次に，箱ごとに管理職が配置され，そして箱に割り当てられる社員が決まる。最後に，それぞれの社員にやってもらう仕事を決める。仕事ありきではなく，人ありきの考え方だ。そのような人事慣習を「人に仕事をつけること」と私は言っている。

　社長や役員が部下の管理職に「こいつを預かってくれ」とか「この社員を使ってみてくれ」などと頼むのは，人に仕事をつける分かりやすい例だ。

　毎年毎年，同じ業務をやり続けている社員，これも「人に仕事をつけること」の典型だ。長年やっているから安心感がある反面，この人しか分からないブラックボックス化した仕事だ。聖域化され誰も口を出せなくなる。これ

は，生産性向上の取り組みの阻害要因となってくる。

　残念ながら，多くの日本企業には，こうした「人に仕事をつける」慣習が染みついてしまっている。明らかに「仕事に人をつける」という考え方のほうが合理的であるにもかかわらず………。生産性向上というテーマでは，「人に仕事をつける」慣習が大きな足枷になっている。

生産性向上を阻む要因3：昭和から変わっていない組織文化

　生産性を阻む3つ目の要因，「組織文化」について解説していこう。

　組織文化とは，組織の構成員の間で共有されている思考様式や行動原理のことを言う。言い換えると，社員が日々の活動において，どんな判断基準をもって，何を優先して行動しているのか，その共通項としての行動の積み重ねが組織文化として醸成されていく。

- ◆迅速 vs 慎重
- ◆チャレンジ vs 確実
- ◆自律 vs 他律
- ◆放任 vs 統制
- ◆チーム vs 個人
- ◆トップダウン vs ボトムアップ
- ◆競争 vs 協調
- ◆結果重視 vs プロセス重視

　これらの切り口で，会社の組織がどちらに寄っているかプロットしていくと，その組織文化の色が見えてくる。100社あれば組織文化の色は100種類存在し多種多様であるが，似たような色を集約していくと類型化できる。

　図表は，組織文化を類型化する際に使うフレームワークだ。

　「ルール統制型」は官庁や規制産業に代表されるガバナンス重視の組織文化，「目標達成型」は市場競争が激しく営業力が重視される業界に多い組織文化，「社員参画型」は個人よりもチームで協調して仕事を進めることを重視する組織文化，「変化対応型」はベンチャーやスタートアップ企業に見られる機動性に富む組織文化である。自身の会社がどの組織文化に属するのか，考えてみると面白い。4象限のいずれか，もしくは複数の象限にまたがって属することが見えてくるはずだ。

　「ルール統制型」と「目標達成型」の2つは効率性を重視する特性があるので，理論的には生産性を高めるベクトルが働く。高度成長期からバブル期まで，日本企業は，この2つの特性を持ち合わせた企業が大勢を占めていた。それが成長の原動力になっていた。

　ところが時代が変わった。ネットとデジタルの到来，そしてグローバル競争の激しさから，企業に変化対応力が求められるようになった。加えて，個の力の集積だけでは限界があることが分かり，チーム活動による知恵の結集が求められるようになった。上2つの象限（社員参画型，変化対応型）の特性を持つことが求められるようになってきたわけだ。

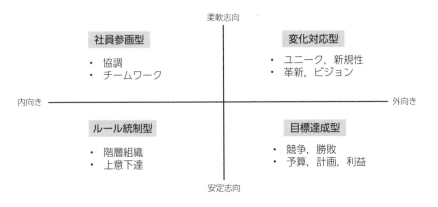

組織文化を特徴づける4つの型

出典：Quinn and Cameron's competing value framework

　長い間，下の２つの象限（ルール統制型・目標達成型）に居続けている企業は，やれるだけの効率化を済ませている。さらに，これ以上の生産性を上げるとなると，思考と行動様式を改める必要が出てくる。つまり，組織文化を上２つの象限に変えていく試みが必要となってくるわけだ。

　昭和の時代からずっと変わらない組織文化を引きずっている企業は，まだまだ多い。是非はともかくとして，その古き良き組織文化が生産性向上を阻む要因の１つになっていると考えている。

生産性向上を阻む要因４：心理的安全性の低さ

　組織活動における人間心理には，心理的安全性（Psychological Safety）という考え方が適用できる。心理的安全性が高い状態とは，自身のキャリアやポジション・イメージなどへの悪影響を心配することなく，組織内で安心して意見を言える場の状態のことをいう。

　経営学者として著名なAmy Edmondson教授は，心理的安全性が低い組織には４つの特徴があると語っている[nn]。

①無知だと思われたくない　　⇒　質問しない
②無能だと思われたくない　　⇒　ミスを報告しない
③うざったいと思われたくない　⇒　提言しない
④否定的と思われたくない　　⇒　現状を批判しない

　誰もが心当たりがあることだ。

　場を乱さない，そして場の空気を読むことが求められる日本では耳の痛い話である。特に，経営者や上司の発言や指示が絶対視される組織では，これら４つの特徴が顕著だ。しかし，これを是認してしまうと，社員たちは言われたことだけしかしない羊の集団と化してしまう。生産性向上の大きな障壁

になることは，誰の目から見ても明らかであろう。

　みずほ銀行が幾度ものシステム障害を起こし，その度に謝罪会見と経営陣の交代があったことは記憶に新しい。一連の事故に対し，金融庁は立ち入り検査を通じて「言うべきことを言わない，言われたことだけしかしない姿勢が原因」と指摘した[00]。まさに心理的安全性が低い組織の典型例である。

　心理的安全性の高い組織は，一朝一夕には成立しない。社員たちは，経営者と管理職たちの一挙手一投足を日々見ている。そのうえで，社員たちは自身がどう言動するか決めている。上司から，少しでも威圧的な態度や理不尽な指示が発せられると，とたんに貝になってしまう。

　大事なことは，どんな相手に対しても敬意を払い，自身に対して謙虚であり続けることだと思う。精神的な修練が，これからのリーダーたちに求められている。

過去の常識からの脱皮こそが生産性向上につながる

　ここまで日本の生産性が上がらない真の原因について「評価指標」「組織設計」「組織文化」「心理的安全性」という4つのテーマで考察してきた。

　学識者たちは，少子高齢化と労働人口減少という社会課題解決のために，生産性向上が不可欠であると主張する。しかし，それは政府や学者から見た理論だ。私たち国民一人ひとりにとって，そんなマクロの理論だけでは，生産性の根源にある仕事のやりかた（働き方）を変えていく動機にはならない。

　1つひとつの企業，一人ひとりの社員にとって，生産性を上げなければならない理由を明確にすること，その動機づけが必要だ。それを阻害する要因は，自身の会社をじっくり分析していくと，見えてくるはずだ。過去からの踏襲を是とし，今や時代遅れとなっていることがそれに当たる。その時代遅れの要因こそが，上記4つのテーマのいずれかに当てはまる可能性が高い。

　産業界の中には，この課題を正面から捉えて変革に着手し，結果を出して

いる優秀なリーダーたちがたくさんいる。その波動が社会全体に広がり，日本全体がプラスに転換していくことを切に願うばかりである。

5-6 新卒３年以内，３割退職の謎に迫る

　大卒の新入社員のうち３割が，３年以内に辞める。これは，ここ25年間変わっていない数値だ。

　この四半世紀，景気の低迷が続いているが，将来の可能性と体力の備わった新卒に対する採用ニーズは常に高い。どの企業も，雇用条件と労働環境を少しでも良くしていこうと努力を重ねているはずだ。それにもかかわらず，なぜこの数値は変わらないのだろうか。

　私は，根本的な部分が変わっていないからだとみている。

　解説をしていこう。

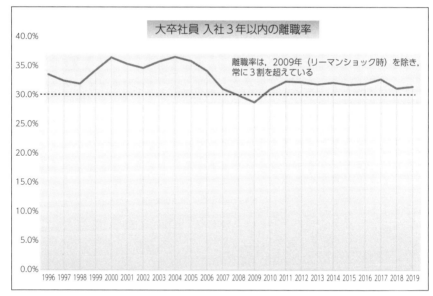

データ出典：厚生労働省発表新規学卒者の離職状況より

退職率が変わらない要因１：新卒一括採用の功罪

　学生の就職活動は，大学３年の終わりに一斉に始まる。企業が門戸を一斉に開け，全国の大学生たちが我こそは，と人気企業から順に殺到する。どの企業も，同じような採用のやり方で，同じような採用基準で学生たちをふるいにかける。

　企業にとって，大変効率の良いやり方である。そして，学生たちも一様に就職対策に集中できる。この双方にとっての効率の良さが，長年この仕組みを支えてきたわけで，支持もされてきた。

　しかし，良い面の裏側には，必ずマイナス面がある。

　人には個人差がある。誰もが一様というわけにはいかない。就職のために準備できている学生もいれば，準備ができていない学生もいる。すでに社会性に長けた早熟な学生も一部いるが，そうでない学生たちのほうが圧倒的に多い。

　そういった状況において，決められた期間の中で就職先を決めなければならない。これが日本の学生の宿命である。流れに逆らって我が道を行くという学生も一部には存在する。しかし，同調圧力の強い日本では，どうしても大勢に流されてしまう。準備ができていないまま入社した若い子たちは，しばらくしてから自分に合わないと気づくことになる。

退職率が変わらない要因２：旧態依然とした大学教育

　大学の授業は，いまだに一方通行の知識伝授が大半を占める。コロナ禍でのオンライン授業によって，さらにそれが加速した。そのやり方は，知識を習得するうえでは問題ないが，思考をめぐらせ自分なりの解を導くための学習には十分とは言えない。社会に出ると，答えのない課題を解くことが常に

求められるにもかかわらず，相変わらず前もって準備された答えに導く授業しか行えていないのが，大学教育の現状である。

また，アルバイトやサークル活動に惚けて，学問に対し真面目に向き合っていない学生も一定数存在する。今も昔も，要領の良さで単位を取得する学生が大量生産されている。

考える力が足りないまま社会に放り出された学生たちは，当然のように悩み，路頭に迷ってしまう。

退職率が変わらない要因3：助言できない親世代

学生が就職するタイミングは，子が親から巣立つまさにその瞬間だ。子が，社会で自立して生きていくための助言は，一番近くにいる親が行うのが望ましいはずだ。しかし，実際にそれができているかどうかというと怪しい。これまで手塩にかけて育ててきたはずなのだが。

現代の親たちの多くは，終身雇用を前提として1つの会社に身を捧げている。だから自身が働いてきた会社のことや，その会社が属する業界には詳しい。しかし，それ以外の社会を知らない。必然的に拠り所とする価値観は，その会社の常識がベースになってしまう。多様な選択肢がある就職活動に対し，狭い視野からのアドバイスは，子供たちの心に響かない。1つの会社の常識が，世の中の常識かというと決してそうではないからだ。

働き方という基本的な価値観でさえ，今や30年前の常識とはかけ離れたものになってしまった。現代の親世代には，価値観の多様性に対する理解と，変化に対する受容性の高さが求められている。

とどまる7割の社員こそが会社の原動力になる

　こうして考えてみると，新卒の退職率はこれから先も，さほど変わらない数値で推移するだろうと予想できる。なぜなら，前述で挙げた3つの要因が大きく変わるには相当な時間を要するからだ。

　ここは，現状を悲観視するのではなく，考え方を変えたほうがいいだろう。

　新卒のうち3割が辞めるということは，7割が会社に残るということだ。7割という数は，中途採用の社員に比べると極めて高い。中途採用の退職率の統計値は公開されていないが，私が何社かの人事担当者に聞いたところでは，いずれも5割を超える。中途採用に比べ，新卒採用は歩留まりが高いということだ。

　加えて3年という期間は，スキルの発揮という観点でも大きな意味がある。1-5節（「ジョブホッパーでは，スキルは上がらない」）で語ったように，社員が習得したスキルをふんだんに発揮できるようになるには，一般的に3年ほどの期間が必要だ。新卒社員には，まさに入社してからの3年間がそれに当たる。

　入社4年目以降の社員たちは，機会と役割の与え方次第で，大いに成長する。スキルの上に経験と知識を重ねていき，組織の原動力になっていく。

　日本の社会の仕組み，教育環境の事情，そして世代ごとの価値観の違い，これらのことを与件として踏まえて，私はこれからの日本を担う若い世代たちと接していきたいと切に思う。

5-7 デジタルシフトの潮流

DX（デジタルトランスフォーメーション）が流行語になってしばらく経った。クラウド・IoT・5G・ブロックチェーン・SaaS・メタバース・量子コンピュータ………デジタルやITに関する流行語は次々と生まれてくる。

それらの流行語に踊らされ躍起になった企業もあれば，「何を今さら」という素振りで，着実に技術を組み込み成長している企業もある。

このようなIT投資に対する取り組みの差は，どこから生じるのであろうか？

事業に貢献する投資こそがITの価値である

企業がITの投資判断をする際は，その投資を上回るだけの事業貢献が見込めることが定石である。

デジタル技術やITツールを導入することにより，

・既存事業に新たな収入源を生み出せる

・既存事業に新規の顧客を呼び込める

・既存事業の既存顧客に効率的に販促をかけられる

・新規事業の基盤となりうる

・複数の既存事業をとりまとめる統合基盤となりうる

といったようなケースが当てはまる。投資額だけでなく，見込める貢献度合ももちろん数値化されるし，実施後はその検証も可能だ。

本来，上記のような取り組みの中でIT投資を行えばよいのだが，現実はそうではないケースが散見される。

・何となく運営している公式サイト

・ダウンロード数やアクセス数が伸びないスマホアプリ

・使いこなせず高価なおもちゃとなっているマーケティングツール

・紙とデジタルが併用されている基幹システム

・効果が検証されないまま放置されているCRMシステム

このような例は，事業への貢献という目的にはほど遠く，維持費だけがかかってしまうケースだ。世間の流行に乗って導入したものの，目立った効果は最初だけ。あとは会社のお荷物になってしまう。

DXが流行語となってから，さらにこの動きが加速化された。導入を急ぐあまり，事業への貢献どころか，とりあえず入れてみようといったIT投資が増えている。動機があいまいなまま導入されたシステムは，まず使われない。維持費だけが嵩んでしまう結果となる。

IT投資は，出来上がるシステムを徹底的に使い倒すくらいの覚悟で臨むことが求められる。

業種と販売形態の違いで見えるデジタルシフトの差

それでは，ITを事業に上手く組み込んでいる業種と，それができていない業種，その違いを見ていくことにしよう。それは事業特性の販売形態で分類すると見えてくる。

■デジタルシフト化 最上位：無店舗業種

リアルの店舗を持たずにネット上で商売をしている業種は，事業とITが直結している。オンラインゲームや健康食品・サプリメントなどの通信販売，ネット銀行・保険・旅行などの商品販売は，デジタルとITそのものが事業である。常に最新の技術を取り入れながら，ネット上で積極的なデジタルマーケティングに取り組む業種だ。

■デジタルシフト化 上位：リアル店舗を持つメーカー・サービス業

次にデジタルシフトが顕著な業種は，リアルの店舗を持つメーカーやサービス業だ。自社商品の世界観をリアルとバーチャルの両方で体現するために，店舗デザインのみならず，ネット上での演出に積極的に取り組んでいる。その狙いは，消費者に対する自社店舗や自社ECサイトへの誘導だ。見込み客や熱烈なファンとのダイレクトコミュニケーションにも力を入れている。

■デジタルシフト化 中位：卸売主体のメーカー・サービス業

直接店舗を持たず，卸経由で商品を販売しているメーカーは，いまだ発展途上だ。単価の低い多品種の商品を扱う特性上，消費者との直接コミュニケーションにコストをかけることができない。旧来型のマスマーケティングに頼らざるを得ないのが現状だ。もちろんTVや新聞を見ない若者ユーザーの取り込みはネットが大前提となるため，徐々にデジタルマーケティングに予算をシフトしてきている。

<u>デジタルシフトの潮流</u>

販売の形態	業種	事業におけるITの位置づけ
無店舗業種	◆ ゲーム ◆ ダイレクト系商品（健食・サプリ） ◆ 無店舗金融（銀行・保険・証券・カード） ◆ 無店舗小売 ◆ 無店舗旅行・レジャー	✓ ITそのものが事業と直結 ✓ デジタルマーケティングが主戦場
リアル店舗を持つ メーカー・サービス業	◆ 自動車　　◆ アパレル ◆ 化粧品　　◆ スポーツ用品 ◆ 通信　　　◆ ラグジュアリーブランド ◆ 航空　　　◆ 住宅設備 ◆ 店舗型金融　◆ 教育・学校	✓ 自社サイト・自社店舗への誘導のためにIT積極投資 ✓ 消費者とのダイレクトコミュニケーションを実現
卸売主体の メーカー・サービス業	◆ 消費財　　◆ 家電・AV ◆ 食品　　　◆ 精密機器 ◆ 飲料 ◆ 医薬品・医療品 ◆ 出版	✓ 旧来のマスマーケティングに加え、デジタルマーケティングへ投資 ✓ 徐々にIT予算へシフト
小売・流通業	◆ 百貨店　　◆ SC・モール ◆ GMS　　　◆ 複合施設 ◆ 量販店 ◆ スーパー	✓ 手探りによるデジタル試行 ✓ 従来の販促手法からの脱皮が課題
法人ビジネスおよび インフラ系・官公庁	◆ 重電・機械・商社などBtoBビジネス ◆ 電気・ガス ◆ 鉄道 ◆ 運輸 ◆ 不動産　　◆ 官公庁	✓ 自社Webサイトの充実・会員化・メールコミュニケーションに留まる ✓ 紙が残る業務プロセスからの脱皮が課題

大　デジタルシフト　小

■デジタルシフト化 下位：小売・流通業

　小売・流通業は，いまだ足踏み状態だ。国内のネットビジネスで成功している企業はほんの少数で，多くは赤字だ。もともと，薄利多売のビジネスモデルのため，ネット上で十分な利益が出る構造が築きにくい。給与水準が高くないことから，社内のIT人材が不足していることも悩みの種となっている。

■デジタルシフト化 最下位：法人ビジネスおよびインフラ系・官公庁

　法人向けの対面型ビジネス，社会インフラ系の企業，そして官公庁などは，最もデジタル化が遅れている。それは，旧来からの変わらないやり方の中に，ITという道具を組み入れているだけだからだ。都合の良いところだけにITが組み込まれているので，まだまだ紙とデジタルが混在している。人手を介さないと次のプロセスに進まないことがたくさんある。いまだ非効率で生産性の低い状態が続く。

　このように業種と販売形態で整理していくと，デジタルシフトの濃淡が見えてくる。事の本質は，事業の根幹のところでITが事業に貢献できているかどうかに尽きる。

　メディアが揶揄する「日本はデジタル化が遅れている」といった大くくりの捉え方ではなく，一段詳細に落として分析してみることで，正しい現状が見えてくる。

5-8 社会が求めるデジタル人材とは何ができる人なのか?

日本の産業界はデジタル人材が不足している，という話をよく聞く。
デジタル人材とは，果たして何ができる人のことを言うのであろうか?

デジタル人材という言葉が出てきた背景

デジタル人材という言葉に明確な定義は存在しない。デジタル庁が発足した2021年頃から使われ始めた言葉だ。まず，その言葉が出てきた背景について考察していこう。

人との接触が制約されるコロナ禍の状況下で，行政手続・企業間取引・企業内業務・そして人と人のコミュニケーションに，大きな支障が生じたことは記憶に新しい。日本の産業界の生産性の低さは以前より問題視されていた（5-5節「生産性が上がらない日本…その理由は?」参照）。主たる原因は，会社業務の至る所で人手を介するプロセスが偏在し，そこにコストと時間を要する仕組みが長らく続いていたことにある。コロナ禍で混乱の中，ITを活用した非接触型の手続きや業務のニーズが一気に高まり，DX（デジタルトランスフォーメーション）という流行語が定着したのが背景である。

そして，もう1つ別の背景がある。コロナ禍で業績が落ち込んだ多くの企業は，制約がある中で何とか収益を上げようと考えた。そこで注目したのが，AI・AR・VR・ブロックチェーン・Fin Tech・サイバーセキュリティといったIT先端技術だ。今までのやり方とは違い，ITをフルに活用して新しい収益を生み出せる仕組の構築に取り組もうとしたのだ。

これら2つの背景，実は以前からずっと必要性を問われてきたテーマである。それがコロナ禍を機に加速化して広がった。

2つの背景から発生したニーズを満たせるだけの能力を持つ人材，それが

デジタル人材と言われるゆえんである。

デジタル人材とは，価値を組み上げていける人

　デジタルとは，０と１で表現される符号化された情報を意味する。デジタル人材を辞書的に定義するとすれば，「世の中にある，あらゆる情報や人間の営み・言語をデジタル情報化して，社会に対し価値あるものに組み上げることができる能力を持った人間」と言うことができるだろう。

　より具体的な定義にすると以下の２種類の人材だと言える。

　・ITをテコに事業や業務を変革し，新しい価値を生み出せる人材
　・IT先端技術を駆使し，新しい事業や新商品の創造に貢献できる人材

　ITをベースとした能力を持つ人材は，上記で定義するデジタル人材に限らず，従来型の人材もいる。コンピュータが市場に出回り始めた1970年代からの職種であるSE（システムエンジニア）やプログラマー，それからインターネットが普及し始めた2000年代以降の職種であるWeb制作者などだ。私はこれらの人材を，従来型IT人材と呼ぶことにしている。

　次に，デジタル人材と従来型IT人材の違いについて解説していこう。

デジタル人材と従来型IT人材との違いは？

　デジタル人材と従来型IT人材は，次の２つの切り口で分類することができる。

　◆統合的スキルを発揮する仕事か，専門的スキルを発揮する仕事か

208

◆ルーティン業務に従事するか，プロジェクト業務に従事するか

　図表のように，この2つの切り口で4つの象限に分類できる。

　図表の左側A象限とB象限は，従来型IT人材である。

　A象限の人材は通常，企業のシステム部門に属するか，もしくはITベンダーから派遣され特定のシステム開発や運用業務に従事する。専門性を活かしながら，比較的長い期間（通常数年間），同じシステムを担当するのが特徴だ。市場に普及しているプログラミングスキルを所有していれば，ルーティンで仕事を回すことができる。日本の企業には独自仕様のシステムが多いため，システムの数だけIT従事者が必要だ。4象限のうち従事者数で最も多いのがA象限の人材である。

　B象限の人材は，A象限で一定の経験を経た人材の次のキャリアパスとなる。IT技術者を束ねる組織の管理職，ユーザー企業の情報システム部門長，そしてIT研修講師などだ。A象限に必要な専門スキルに加え，マネジメントスキルやコミュニケーションスキルなどを組み合わせた統合スキルが求められる。これらの職種も一定の経験と能力があれば，ルーティンで仕事を回

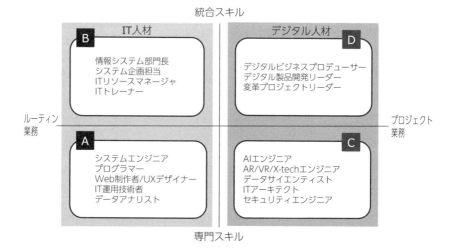

すことが可能だ。

　図表の右側，Ｃ象限とＤ象限は，デジタル人材である。

　従来型IT人材はルーティン業務に従事するが，デジタル人材は，通常プロジェクト業務に従事する。技術進化の早いITの世界で，常に先進性のある技術や製品をキャッチアップし，価値ある形に組み上げていく仕事だ。一定の期間内に形あるものに作り上げていく，もしくは成果を出すことがミッションだ。

　Ｃ象限の人材は，専門スキルを持つデジタル人材だ。市場ニーズが非常に高く，高報酬で引き合いがある。世界的に見ても日本には，このＣ象限に属する先端技術に特化したスキルを有する人材が極めて少ないのが現状だ。

　Ｄ象限の人材は，技術とビジネスの両方のバランス感覚を持ち合わせている人材である。Ｂ象限の技術者とも会話ができ，かつビジネス開発や収益性に関する勘所も分かっている。加えて，未知へのチャレンジに対し，リーダーとして先頭に立っていく推進力も求められる。

　こうしてちゃんと言葉にして定義してみると，デジタル人材は，今日明日すぐに出てくるような人ではないことが良く分かる。じっくりと腰を据え，国を挙げて能力開発に取り組むことで，初めて数年後に世界と肩を並べられることになるだろう。その日が実現することを大いに期待したい。

あ と が き

本書を通じて私が書いてきたのは，私自身の反省の積み重ねによる産物です。
「このことを，もう少し早く知っていたら………」と思うことばかりです。

田舎から東京に出てきて，何も分からない状態のまま大学を卒業し，就職
しました。そして次々と仕事を割り当てられて，がむしゃらに働いてきました。
社会というもの，会社というもの，組織というもの，目には見えないそれ
らの大きな力が私の人生に大きく働いていることを何となく実感しながらも，
きちんと向き合うことができていなかった。だから失敗ばかりの人生です。

本書には『ビジネス免疫力』というタイトルをつけました。
人間が持つ免疫には2種類あるそうです。生まれつき備わっている「自然
免疫」と後天的に身体が学習することによって得る「獲得免疫」です。
社会・会社・組織といったものに最初から上手く対応できる人は，ごくわ
ずかだと思います。多くの人は，知識と経験を積み重ねながら何とか対応し
ていることでしょう。私は，失敗も含めて知識と経験の積み重ねこそが，ビ
ジネスで起きるさまざまな事柄に対応できるだけの免疫力を向上していくも
のだと考えています。

相手が見えれば，怖さも半減する。
相手を知ることができれば，対処のしようがある。
相手について複眼的な情報があれば，判断の精度が増す。

　正体の分からないものほど恐ろしいものはないです。正体が見えてくれば，対処する方法も何かしら考えることができると思います。正体が見えたのちは，さらにリサーチを重ねて立ち向かうのが一つの手です。しかし敵わないと思えば衝突を避けるのもありでしょう。

　社会・会社・組織・市場といったものは，実体がなく目に見えません。でも，その正体が少しでも分かるようになれば，ビジネスの世界で生きていくための免疫力強化につながるのではないでしょうか。

　もちろん，そんなこと言われなくても分かっている，という方は沢山いるはずです。そういった方々は自然免疫を持っているか，もしくは獲得免疫を十分に持っているかのどちらかだと思います。

　強い免疫力を持っている方が，これから先も強い免疫力を持ち続けるかどうかは分かりません。また，弱い免疫力の方が，あることがきっかけで強い免疫力を持つようになるかもしれません。

　社会，そして会社や組織・市場といったものは，漠とした枠組みです。そしてそれらは，日々流動的に変化していきます。その中で，自らの立ち位置と歩む方向をどうやったら見いだせるのか。それこそがビジネスの世界で生きる私たちの共通のテーマだと思っています。

　最後に………，
本書のイメージキャラクターとして「猫」を採用しました。さまざまな人たちに「なぜ，猫なの？」「なぜ，筋トレなの？」という質問をいただいています。その回答は，

- ◆ 自律性がある（忠誠心ではない）
- ◆ しなやかで柔軟な筋肉をもっている（筋肉は思考回路）
- ◆ 日頃やらなそうなことをあえてやる（少しだけ頑張る）

という3つのコンセプトにあります。

　猫好きだからというわけではありませんので，どうか悪しからず。

2023年12月

川瀬　智士

参考文献・記事

a　Reuters 2023年2月公表記事
　　https://www.reuters.com/technology/chatgpt-sets-record-fastest-growing-
　　user-base-analyst-note-2023-02-01/
b　Statcounter統計資料2023年2月現在
　　https://gs.statcounter.com/search-engine-market-share
c　『暇と退屈の倫理学』國分功一郎著,新潮文庫より引用
d　コンセプチュアルスキルは1950年代，経済学者Robert L Katzによって提唱された。
　　Skills of an Effective Administrator（Harvard Business Review）
e　厚生労働省発表「GDP（国内総生産）に占める企業の能力開発費の割合の国際比
　　較について」
　　https://www.mhlw.go.jp/wp/hakusyo/roudou/18/backdata/2-1-13.html
f　エンゲージメントとは顧客との深いつながりを意味する。具体的には，告知や広
　　告，SNSへの投稿に対する顧客の反応を数値化する。
g　UU（ユニークユーザー）数。一定期間においてWebサイトを訪問した人数を指す。
h　PV（ページビュー）数。一定期間においてWebサイトのページにアクセスされ
　　た回数を指す。
i　パネル調査とは，対象者を固定して一定期間の行動や意識の変化を調査する手法
　　である。消費者の動向の変化や，商品の売れ行きの変化などを掴むために適し
　　たリサーチ。
j　CVR（コンバージョンレート）。最初のコンタクトをしてきた人のうち，最終的
　　に望む行動を取ってくれた人の割合。（例としては，商品購入者÷Webサイト
　　訪問者）
k　ライフタイムバリュー（顧客生涯価値）。一人の顧客から生涯にわたって得られ
　　る利益のこと。
l　ブランド認知度：商品やサービスの名称やイメージを消費者がどれくらい思い出
　　したり認識できたりするかを示す指標
m　離反率：一定期間でどれくらいの数の顧客が離反したかを示す割合のこと
n　出典：Peter F Drucker, "The aim of marketing is to make selling superfluous"
　　（The Essential Drucker）
o　総務省統計局　労働力調査2021年より
p　RFM：Recency（最新購買日），Frequency（購買頻度），Monetary（購買金額）
　　の略。既存顧客のマーケティング分析を行うための指標
q　CRM：Customer Relationship Management（顧客関係管理）。顧客満足度と顧客
　　ロイヤリティの向上を目指して，売上拡大と収益向上を目指すマーケティング
　　手法

r　MA（マーケティングオートメーション）ツールとは，企業のマーケティング活動を可視化して自動化できるソフトウェアサービスのこと。見込み客の獲得から顧客情報の管理，リード客の育成・絞り込みなど多岐にわたる。

s　GAFAとは，世界的なIT企業の4社，Google, Apple, Facebook, Amazonの頭文字をとった略称

t　シュンペーター（Joseph Alois Schumpeter）は，当時イノベーションという言葉ではなく，新結合という言葉で定義している。提唱した5つの類型は以下である。
・新しい財貨の生産
・新しい生産方法の導入
・新しい販売先の開拓
・原料あるいは半製品の新しい供給源の獲得
・新しい組織の実現
参考文献：シュンペーター『経済発展の理論』（日経BP日本経済新聞出版本部）

u　ファーストリテイリングHP「ヒートテックの舞台裏」https://www.uniqlo.com/jp/ja/contents/corp/press-release/2009/01/010617_heattech.html

v　ソニーHP技術情報https://www.sony.jp/brc/support/technical/index.html#technical-01

w　4Pとは企業がマーケティング活動を行ううえで最も重要な要素，Product, Price, Place, Promotionの頭文字をとった名称

x　旭酒造HP　https://www.asahishuzo.ne.jp/

y　国土交通省HP　https://www.mlit.go.jp/road/Michi-no-Eki/index.html

z　文部科学省の学校基本調査によると，大学の学生総数は増加の一途を続け，2021年度では過去最高（262万人）となっている。大学数（2021年803校）も新設が続き増加が続いている。

aa　PDCAサイクルとは，Plan（計画）・Do（実行）・Check（評価）・Action（改善）を仕事において繰り返すこと。品質を向上させる改善活動の基本。

bb　気象庁統計データ出典　世界の年平均気温より計算

cc　NTT宇宙環境エネルギー研究所　記事参照https://www.rd.ntt/se/media/article/0017.html

dd　データは以下のサイトを参照
A）総務省統計局https://www.stat.go.jp/data/sekai/0116.html
B）全国地球温暖化防止活動推進センターhttps://www.jccca.org/download/66928
C）気象庁 大気中二酸化炭素濃度の観測結果https://ds.data.jma.go.jp/ghg/kanshi/obs/co2_yearave.html
D）全国地球温暖化防止活動推進センター 燃料別二酸化炭素に見る世界の排出量の推移https://www.jccca.org/download/13331?dls=yLzg6b#search

E）環境省 温室効果ガス排出・吸収量https://www.env.go.jp/press/press_01477.html

ee 厳密に言うと，家計と企業は，手元資金だけで資産のすべてを賄っているわけではなく，借入金もある。同時期の家計と企業の借入金の合計値は約840兆円。その金額を加味しても，日本全体のバランスシートは，潤沢な資産超過であると判断できる。

ff 総務省統計局が公表したデータ「2021年度都道府県別にみた年次別合計特殊出生率」によると，東京都は1.08で最下位となっている。1位は沖縄県で1.80。全国平均は1.3。

gg 2018年金融庁主催「金融仲介の改善に向けた検討会議」向けの説明資料によると，地方銀行106行のうち54行が本業収益で赤字である。

hh ゼロゼロ融資とは，コロナ禍で資金繰りに苦しむ中小企業を支援するための政府の施策で無担保無利子の融資のことをいう。

ii 財務省公表「法人企業統計」によると，2021年度の金融・保険業をのぞく全業種の内部留保は初めて500兆円を超え，10年連続で過去最高を更新した。

jj パナソニックIR資料によると，2021年の営業利益額は2,586億円で，従業員数は24万3,540人。単純計算で割ると，一人当たりの営業利益額は106万1,838円となる。

kk 世界経済フォーラム（WEF）公表資料「Global Gender Gap Report」2023年版

ll 従業員として雇用されている日本人は約5,700万人（総務省統計局 労働力調査2022年より）

mm 公益財団法人日本生産性本部（2022年度版 労働生産性の国際比較）https://www.jpc-net.jp/research/assets/pdf/press_2022.pdf

nn Amy C Edmondson著: The Fearless Organization: Creating Psychological Safety in the Workplace for Learning, Innovation, and Growth

oo 金融庁報道発表資料「みずほ銀行及びみずほフィナンシャルグループに対する行政処分について」https://www.fsa.go.jp/news/r3/ginkou/20211126/20211126.html

《著者紹介》

川瀬　智士（かわせ　さとし）
未来エンビジョナー／経営コンサルタント

　大分県出身。東京大学工学部卒業後，株式会社リクルート入社。
プライスウォーターハウスコンサルタント（現PwCコンサルティ
ング），IBMビジネスコンサルティングなどで経験を重ね，パート
ナー職を経たのち，2009年にビジョニング・パートナーズ株式会社
を起業。メーカー・金融・IT・エンターテインメント・行政など
さまざまな業種のクライアントに対応している。
　プライベートでは，30代から40代にかけてマラソンに熱中。50代
でピラティスとピアノを始める。ワイン好きが高じて，輸入ワイン
の販売も行っている。ゴルフはお付き合い程度。

※ "ビジネス免疫力" は現在，ビジョニング・パートナーズ株式会社が商標登録を申請中です。

劇変の時代を生き抜く
ビジネス免疫力──キャリアアップ実現のための思考法

2023年12月25日　第1版第1刷発行

著　者　川　瀬　智　士
発行者　山　本　　　継
発行所　㈱中央経済社
発売元　㈱中央経済グループ
　　　　パブリッシング

〒101-0051　東京都千代田区神田神保町1‐35
電話　03(3293)3371(編集代表)
　　　03(3293)3381(営業代表)
https://www.chuokeizai.co.jp
印刷／三英グラフィック・アーツ㈱
製本／侑 井 上 製 本 所

ⓒ 2023
Printed in Japan